●監修●編集●解説
小山俊樹

近代機密費史料集成 I

外交機密費編

▼第6巻▲

満洲事件費関係雑纂 受払簿

昭和十年度・昭和十一年度

ゆまに書房

凡　例

一　本シリーズ「近代機密費史料集成」は、近代日本における機密費の関係史料・記録類を編纂し、刊行するものである。

二　第Ⅰ期は「外交機密費編」として外務省外交史料館所蔵「満洲事件費関係雑纂」から主要な文書を抄出し、全七巻に収録する。

三　「満洲事件費関係雑纂」は、満洲事変に際して一九三一（昭和六）年度より一九三六（昭和一一）年度まで交付された「満洲事件費」の一部として、在外公館に支給された「外交機密費」に関する会計報告書および関係文書類である。

四　原史料の副題には「機密費関係　在満支各館」とあり、すべて中華民国・満洲国内の日本公館（大公使館、総領事館など）に関係したものである。他にもかつて「在欧各館」「在米各館」「在亜細亜・南洋各館」の史料群が存在していたが、現在は失われている。

五　原史料の構成は、外交機密費に関わる本省と在外公館の往復文書をまとめた簿冊（本冊）一点と、在外公館の会計報告書類の簿冊（別冊）二三点、計二四点からなる。簿冊内部は年度別・公館別に編纂されている。会計報告は原則として単年度を四期に分け、一期ごとに機密費の交付額・支出額・支出内訳が「受払簿（受払報告書）」にまとめられている。また、支出内訳に対応する領収書（証憑）が添付されている。

六　残存する全ての「受払簿」を、六巻にわけて収録する。別巻には、往復文書と領収書の一部を収録し、編者による解説を付す。

七　原史料の大きさは、主として美濃版である。

八　原史料の状態等により、印刷が不鮮明の場合がある。

凡　例

九　撮影刊行にあたり、片面罫紙の文書の裏面は割愛した。付箋等については、上げた状態と下げた状態を続けて掲載した。

外交機密費編　第六巻　目次

満洲事件費関係雑纂　受払簿

自 昭十 年 月 日
至 年 月 日

満州事変費関係雑纂

機密費関係

在支、満各館

第 巻

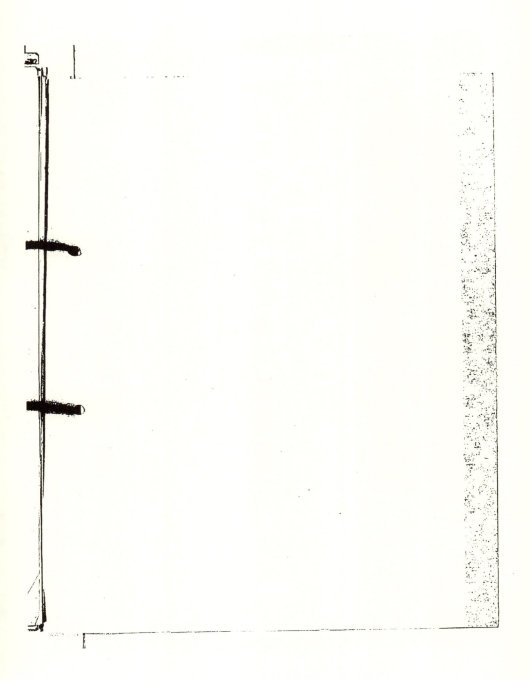

昭和十年度

滿洲事件費関係雜纂

機密費

在滿支各館

第　巻

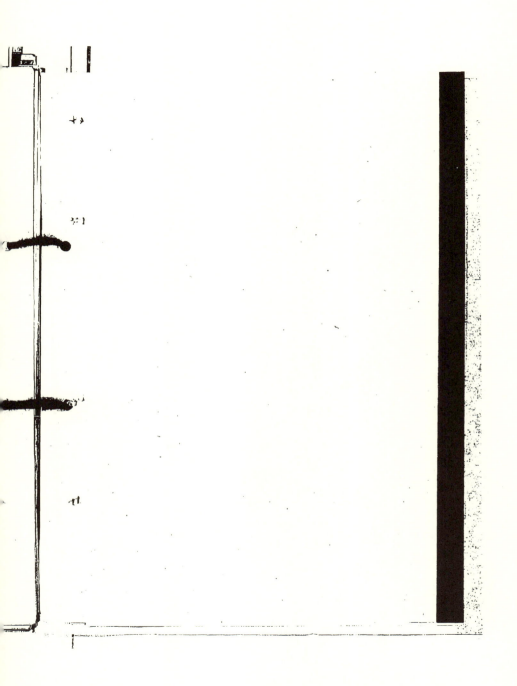

目次（在滿洲、中華民國各館）

（一五）在間島總領事館
（一六）在南京總領事館
（一七）在芝罘領事館
（一八）在重慶領事館
（一九）在厦門領事館
（二〇）在蘇州領事館
（二一）在杭州領事館
（二二）在沙市領事館
（二三）在長沙領事館
（二四）在汕頭領事館
（二五）在九江領事館
（二六）在雲南領事館
（二七）在宜昌領事館
（二八）在蕪湖領事館
（二九）在鄭州領事館
（三〇）在營口領事館

(三一) 在安東領事館
(三二) 在チチハル領事館
(三三) 在滿洲里領事館
(三四) 在張家口領事館
(三五) 在赤峰領事館
(三六) 在鄭家屯領事館
(三七) 在錦州領事館
(三八) 在海拉爾領事館
(三九) 在綏芬河領事館
(四〇) 在承德領事館
(四一) 在新民府分館
(四二) 在延吉分館
(四三) 在頭道溝分館
(四四) 在琿春分館
(四五) 在掏鹿分館
(四六) 在通化分館

（四七）在山城鎭分館　（五五）在博山出張所
（四八）在百草溝分館　（五六）在張店出張所
（四九）在敎化分館　（五七）在山海關出張所
（五〇）在圖們分館　（五八）在上海商務參事館事務所
（五一）在白城子分館
（五二）在扶餘分館
（五三）在黑河分館
（五四）在坊子出張所

(1)

在満大使館

(八) 在満大使館

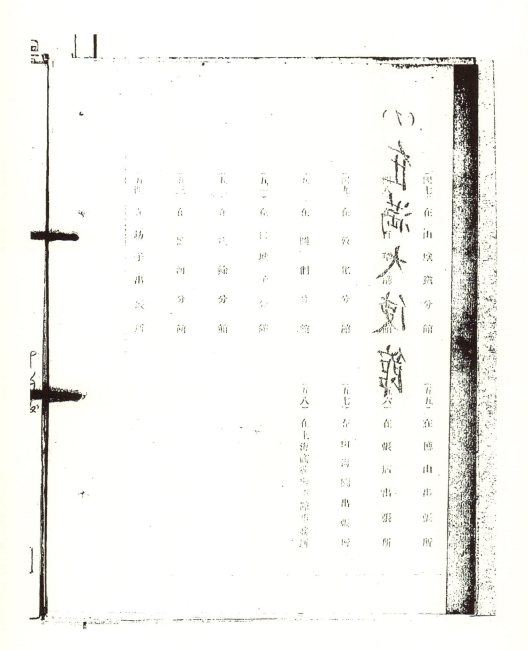

(四七) 在山城鎮分館
(四八) 在[illegible]
(四九) 在敦化分館
(五〇) 在図們分館
(五一) 在白城子分館
(五二) 在扶餘分館
(五三) 在[illegible]河分館
(五四) 在坊子出張所
(五五) 在博山出張所
(五六) 在張店出張所
(五七) 在[illegible]出張所
(五八) 在上海商務参事官事務所

編者附言
本書ハ
昭和十年九月九日附
在滿大使
[illegible]館來信
機密公第一七〇八號
ノ附屬ナリ
原書ハ機密費（在滿大使館ニアリ）

分類 06.2.0.1-1

昭和拾年度第壹期分普通機密費受拂報告書

事件費（款）　滿洲事件費（項）　機密費（目）

圓也　本期受入高

内譯

百圓也　第壹期分受入

百圓也　第貳期分受入

百圓也　臨時增額受入

七拾參圓參拾貳錢也　本期支拂高

金壹百貳拾六圓六拾八錢也　差引殘高

支出ノ内譯左ノ通

支出月日		摘要	支拂高	備考
六	一三	延吉加藤憲兵隊長招待費	二九六四	證第一號
〃	一七	磐石縣窮民救濟義捐金トシテ寄附	五〇〇〇〇	證第二號
〃	二一	宮脇衆議員視察團一行招待費	四三六八	證第三號
		計	五七三三二	

在吉林日本總領事館

十一月

滿洲事件費

機密費

在滿大使館經由

不要記

（ハ）在蘇大使館

四七 在山城鎮分館　五五 在臨江出張所

四八 在百草溝分館　五六 在張店出張所

四九 在敦化分館　五七 在[illegible]出張所

五〇 在圖們分館　五八 在上海商務參事官事務所

五一 在[illegible]分館

五二 在白城子分館

五三 在[illegible]

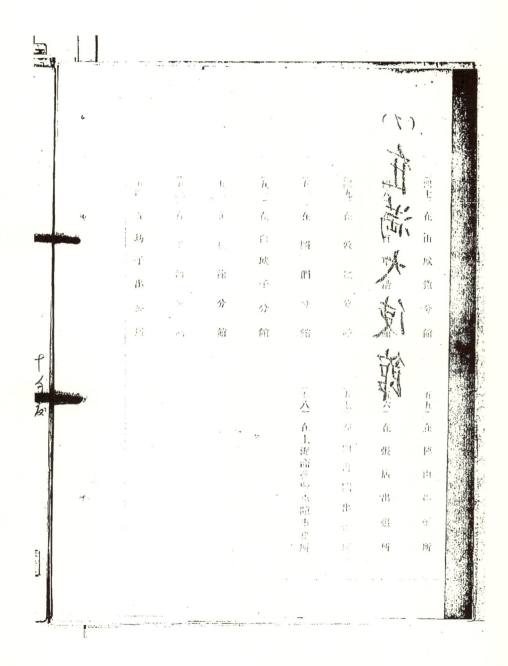

五四 在坊子出張所

十一月 満洲事件費 機密費

在満大使館經由

不要記

昭和拾年度第壹期分普通機密費受拂報告書

満洲事件費（款）　満洲事件費（項）　機密費（目）

金七百圓也　本期受入高

内譯

金壹百圓也　第壹期分受入

金壹百圓也　第貳期分受入

金五百圓也　臨時増額受入

金五百七拾參圓參拾貳錢也　本期支拂高

金壹百貳拾六圓六拾八錢也　差引殘高

支出ノ内譯左ノ通

支出月日	摘要	支拂高	備考
六 一三	延吉加藤憲兵隊長招待費	二九六四	證第一號
〃 一七	磐石縣窮民救濟義捐金トシテ寄附	五〇〇〇〇	證第二號
〃 二一	宮脇衆議員視察團一行招待費	四三六八	證第三號
	計	五七三三二	

在吉林日本總領事館

在吉林日本總領事館昭和拾年度第壹期分普通機密費支拂計算書

滿洲事件費（款）　滿洲事件費（項）　機密費（目）

費目	催宴回數	招待人員 客側	招待人員 主人側	單價	金額	備考
在留邦人招待	一	一六	四	一一八五六	二九六四〇	壹百拾八圓五拾六錢ヲ四分シ一分負擔ス
寄附金					五〇〇〇〇	
邦人視察者招待	一	一七	五	九九二七	四三六八〇	貳百拾八圓四拾錢ヲ五分シ一分負擔ス

在吉林日本總領事館

昭和拾年度第壹期分普通機密費支拂計算書附屬書

催宴月日	宴會場	招待人名	支出額	内譯
六 一三	嶺南飯店	主賓延吉憲兵隊長陪賓五名主人側四名	二九六四	支那料理
〃 一七		磐石縣下窮民救濟金トシテ寄附	五〇〇〇〇	
〃 二一	嶺南飯店	主賓宮脇衆議員團一行一七名主人側五名	四三六八	

在吉林日本總領事館

在滿大使館經由

昭和拾年度第壹期分交際費受拂報告書

滿洲事件費（款）　滿洲事件費（項）　機密費（目）

金貳百圓也　本期受入高

内譯

金壹百圓也　第壹期分受入

金壹百圓也　第貳期分受入

金六拾貳圓七拾貳錢也　本期支拂高

金壹百參拾七圓貳拾八錢也　差引殘高

支出ノ内譯左ノ通

支出月日	摘要	支拂高	備考
四 二五	永見軍政部次席顧問一行招待費	三四九〇	證第一號
五 二七	八木採木公司理事長招待	二七八二	證第二號
	計	六二七二	

在吉林日本總領事館

在吉林日本總領事館昭和拾年度第壹期分交際費支拂計算書

満洲事件費（款）　満洲事件費（項）　機密費（目）

費目	催宴回數	招待人員 客側	招待人員 主人側	單價	金額	備考
駐満日軍關係者招待	一	三	一	八七二五	三四九〇〇	
邦人視察者招待	一	一	二	九二七三	二七八二〇	
計					六二七二〇	

在吉林日本總領事館

昭和拾年度第壹期分交際費支拂計算書附屬書

催宴月日	宴會場	招待人名	支出額	内譯	
四 二五	料亭筏	主賓永見軍政部次席顧問 陪賓二名主人側一名	三四九〇	料理	一〇〇〇
				酒	三二〇
				ビール	四二〇
				煙草	七〇
				藝者花代	一六〇〇
				遊興課金	八〇
五 一一	料亭博多屋	主賓八木採用公司理事長 主人側二名	二七八二	料理	一二〇〇
				酒	六四〇
				ビール	一八〇
				藝者花代	六四〇
				煙草	九〇
				遊興課金	三二

在吉林日本總領事館

編者附言
本書ハ
昭和十年十月十日附
在満大使館
領事館来信
機密公第一九〇一號
ノ附屬ナリ

昭和十年度第二期分（自九月二十七日至同三十日）

満洲事件費、機密費受拂報告書

收入

金三、〇三七　前任者ヨリ引継高

シ

〇三七　後期ヘ繰越

在満日本帝國大使館

昭和十年度第二期分（自九月二十七日至同三十日）

満洲事件費、機密費受拂報告書

收入

金三〇円三七　前任者ヨリ引継高

支出

ナシ

差引残高

金三〇円三七　後期ヘ繰越

在満日本帝國大使館

(2)

在支大使館

[illegible]支大並帳

（分類 0.6.2.1.0.1-1-4）

會計課

昭和拾年七月廿貳日接受

機密第四六八號

有添附物

昭和十年七月十一日

在中華民國日本大使館

大使館參事官　若杉

外務大臣　廣田弘毅殿

昭和十年度第一期分滿洲事件費
機密費受拂報告書提出ノ件

一、昭和十年度第一期分滿洲事件費機密費受拂報告書　壹通

一、同　上附屬證憑書　壹冊

右提出ス

在中華民國日本大使館

昭和十二年度第一期分満洲事件費機密費受払報告書

區別	受入 邦貨	受入 換算相場	受入 洋銀	支拂 邦貨	支拂 洋銀	殘高 邦貨	殘高 洋銀	備考
前年度繰越高	〇		二八一					
本期受払高	五〇〇〇〇〇		〇	〇	一五七一七九			
銀ニ交換高	二〇〇〇〇〇	六七七五	一三五五〇					六月十八日銀ニ交換 證第一號
仝上	二〇〇〇〇〇	七〇五〇	一四一〇〇					六月廿八日銀ニ交換 證第二號
計	八〇〇〇〇〇		一五四八三一	〇	一五七一七九	八〇〇〇〇〇	二三四八	
支出ノ内譯別紙明細書ノ通リ								

在中華民國日本公使館

昭和十年度第一期分満洲事件費機密費支拂明細書

支拂月日	摘要	金額		
四月十二日	三月二十二日北京ホテルニ於テ英国下院議員ピックリング氏外一名招待　北京ホテル	一四	〇〇	證第三號
四月十五日	三月四日擷英館ニ於テ北京大学教授周作人、徐祖正、傅仲濤、銭稻孫招待　擷英館	二九	八〇	證第四號
四月十六日	四月十六日豊澤園ニ於テ中国大学教務長方宗鰲、前京漢鉄路局長王潤高、京漢鉄路局戴氏招待　豊澤園	二七	七六	證第五號
四月十七日	四月十七日東興楼ニ於テ市政府社会局長[illegible]、財政局長程遠帆、公安局督察長蒲志中其他招待　東興楼	三五	三〇	證第六號
四月十八日	四月十八日老公館ニ於テ殷汝耕、陶尚銘両督察専員其他招待　玉華台	二四	九八	證第七號
〃	仝上手傳支那人心付	一	三〇	證第八號
四月廿九日	四月十六日宴会用支那酒代　長盛號	七	〇〇	證第九號
四月三十日	四月十八日宴会用支那酒代　仝	六	四〇	證第一〇號
五月一日	四月三十日老公館ニ於テ内一区署長祝瑞麟、内六区署長延庚、吉專員其他招待　泰豊樓	二六	三六	證第一一號
〃	仝上手傳支那人心付	一	三〇	證第一二號
〃	五月一日老公館ニ於テ矢田満洲国参議、吉澤参事官其他招待　玉華台	二九	四八	證第一三號

在中華民國日本公使館

〃	仝上手傳支那人心付	一	三〇	證第一四號
五月十七日	五月十七日公使官邸ニ於テ藤沼貴族院議員、八角、太田、木暮、助川、船田各代議士其他招待　豊澤園	五九	三二	證第一五號
〃	仝上手傳支那人心付	六	七〇	證第一六號
〃	仝上用氷代		四〇	證第一七號
五月廿五日	五月二十一日老公館ニ於テ田中領事、高橋武官、沖野武官、長谷川歩兵隊長其他招待　石田	三二	五〇	證第一八號
〃	仝上手傳支那人心付	二	一〇	證第一九號
五月廿八日	宴會用煙草代　SKIOTIS	一二	〇〇	證第二〇號
六月七日	五月廿八日公使官邸ニ於テ英國大使、西班牙公使夫妻、貴良王雷思、程錫侯夫妻、ブレーガーカ佐ハッケソン夫妻クララ公其他招待　北京ホテル	一五二	四〇	證第二一號
〃	仝上用花代　金澤儀八	三	五〇	證第二二號
〃	仝上手傳支那人心付	五	一〇	證第二三號
〃	仝上用氷代　劉桂林		六〇	證第二四號
〃	仝上支那側來客從者飯錢	二	〇〇	證第二五號
五月卅一日	五月廿七日老公館ニ於テ加藤岐阜縣技師、牛島満鉄社員伊東延金夫妻、長高田両夫妻其他招待　白廃調理	二七	五〇	證第二六號

在中華民國日本公使館

〃	仝上手傳支那人ニ付		一	三〇	證第二七號
六月三日	五月二十五日扶桑館ニ於テ殷汝耕ト会食費	扶桑館	一六	四〇	證第二八號
〃	五月二十三日扶桑館ニ於テ政務整理委員会調査主任周蘊能、課長徐健君等招待	扶桑館	二一	九〇	證第二九號
六月四日	宴会用西洋酒代	VIRGONA	一〇六	〇〇	證第三〇號
〃	五月二日大国飯店ニ於テ「インターナショナル、ニュース」特派員ゲッティー氏「ロイター」通信員オッペー氏招待	六国飯店	一七	四〇	證第三一號
〃	六月四日老公館ニ於テ高木中日実業公司副総裁、伊東(正基)有賀(錦海)北川(三井)林(大倉)一手野(中日)其他招待	東興楼	五九	三〇	證第三二號
〃	仝上手傳支那人ニ付		三	一〇	證第三三號
六月十日	六月十日六国飯店ニ於テ米国公使館書記官ライオン、米国記者ゲッティー及パーソン招待	六国飯店	一三	二〇	證第三四號
〃	宴会用支那酒代	長盛号	五九	二〇	證第三五號
六月十一日	六月十一日老公館ニ於テ坂西中将、本野氏其他招待	東興楼	二七	七〇	證第三六號
〃	仝上手傳支那人ニ付			八〇	證第三七號
六月十五日	沖野海軍武官離任ニ付六月十五日老公館ニ於テ仝武官夫妻、高橋陸軍武官夫妻、長谷川歩兵隊長夫妻招待				

在中華民國日本公使館

日付	摘要	支払先	円	銭	証憑
	博士夫妻其他招待	玉華台	六三	二六	證第三八號
〃	仝上ニ付傳支那人心付		二	六〇	證第三九號
六月十七日	六月八日老公館ニ於テ原田治郎氏田中萬佑氏伊集正金支店長斉藤満鉄社員其他招待	自宅調理	二〇	五〇	證第四〇號
〃	仝上ニ付傳支那人心付			八〇	證第四一號
〃	支那兵隊交代ニ付六月十六日公使官邸ニ於テ全隊本部及新旧両部隊将校二十名其他招待	豊澤園	八九	四六	證第四二號
〃	仝上用氷代	劉桂林		六〇	證第四三號
〃	仝上ニ付傳支那人心付		六	七〇	證第四四號
六月十八日	仝上用支那酒代	長盛号	一八	四〇	證第四五號
〃	仝上用平野水代	喜田洋行	二	二五	證第四六號
〃	宴會用煙草代（葉巻）	SKIOTIS	二二	〇〇	證第四七號
〃	六月十八日老公館ニ於テ平綏鉄路局沈昌、周右儀、程文龍、楊毅、潘善閣、歐陽模叔招待	豊澤園	三二	〇二	證第四八號
〃	仝上支那側来客從者食錢		三	三〇	證第四九號
〃	仝上ニ付傳支那人心付		二	八〇	證第五〇號
六月二十日	宴會用煙草代	SKIOTIS	一二	〇〇	證第五一號

在中華民國日本公使館

六月廿五日	六月二十日老公館ニ於テ長谷川憲兵隊長夫妻、河野大尉夫妻、岸本大尉夫妻、高橋武官夫妻、沖野武官夫妻、金子少佐夫妻其他招待茶会ニ開催料理代　右　田	六二	五〇	證第五二號
六月二十日	仝上用菓子代　エムナ、ベーカリー	三	〇〇	證第五三號
〃	仝上午傳支那人心付	三	九〇	證第五四號
六月廿二日	六月二十二日東興楼ニ於テ政務会情報主任湯爾遠、同秘書汪績興招待　東興楼	一〇	〇〇	證第　號（証書ナシ）
〃	六月二十二日老公館ニ於テ土肥原大将、松井中佐、高橋武官、沖野武官、長谷川隊長其他招待（午餐）　豊澤園	二九	八二	證第五五號
〃	仝上午傳支那人心付	一	三〇	證第五六號
六月廿六日	六月二十六日公使官邸ニ於テ松本参與官、支那側要人王克敏、湯爾和、楊廷溥、殷汝耕、陶尚銘、袁良、余晋龢、王揖唐、鮑文樾、朱式勤、邵文凱、程錫庚、冷家驥、鄒泉蓀並ニ高橋武官、沖野武官、長谷川隊長、[illegible]会頭、辻野副会頭、大芦議長、邵京正金支店長、有賀満鉄公所長其他招待　豊澤園	一〇九	二五	證第五七號
〃	仝上支那側来客従者飯銭	一一	六〇	證第五八號
〃	仝上用氷代		六〇	證第五九號
〃	仝上午傳支那人心付	七	七〇	證第六〇號

在中華民國日本公使館

六月廿七日	六月二十七日老公館ニ於テ松本忠雄宮崎龍介各新聞記者及通信員十六名招待茶話會開催寿司代	朝日軒	九	〇〇	證第六一號
〃	仝上用菓子代	フレンチベーカリー	一	八〇	證第六二號
〃	仝上用サンドウヰッチ代	德園飯店	三	〇〇	證第六三號
〃	仝上用枝豆代	石田	一	五〇	證第六四號
〃	仝上手傳支那人ニ心付		一	六〇	證第六五號
〃	六月十八日朝日軒ニ於テ千田陸軍大尉外一人招待	朝日軒	二四	四〇	證第六六號
六月廿九〃	招待状用紙代	中榮印刷所	四	〇〇	證第六七號
〃	六月二十九日老公館ニ於テ呉震修、莊鶴年、張伯園、楊毓珣、曹汝霖、冷家驥、楊允楨、伊原正金支店長招待	玉華台	二九	三八	證第六八號
〃	仝上支那側来客從者飯銭		五	六〇	證第六九號
〃	仝上手傳支那人ニ心付		二	三〇	證第七〇號
〃	宴會用平野水其他代金		一五	九五	證第七一號
〃	宴會用煙草代		一二	〇〇	證第七二號
六月八日	雑誌「支那問題」補助金トシテ長谷川賢ニ交付		一〇〇	〇〇	證第七三號

在中華民國日本公使館

六月三十日

六月三十日東興楼ニ於ケル中國銀行楊朗川、商會主席鄒泉蓀招待　東興楼　一〇　〇〇

證第七四號

計　一五七二　七九

右ノ通ニ候也

昭和十年七月十日

在中華民國日本大使館

大使館参事官　若杉要

在中華民國日本公使館

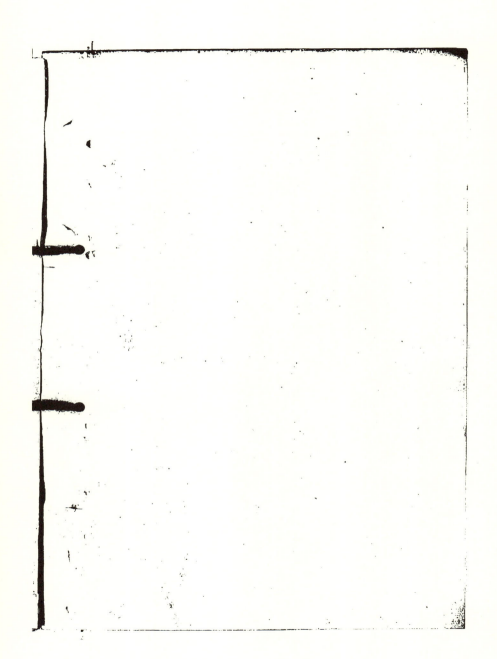

編者附言
本書ハ
昭和十年八月五日附
在中華民國大使館
備考欄來信
機密大[illegible]第四五六號
ノ附屬ナリ
原書ハ機密費ニアリ。

昭和十年度第一期分

滿洲事件費機密費受拂報告書
（邦貨之部）

在上海日本大使館

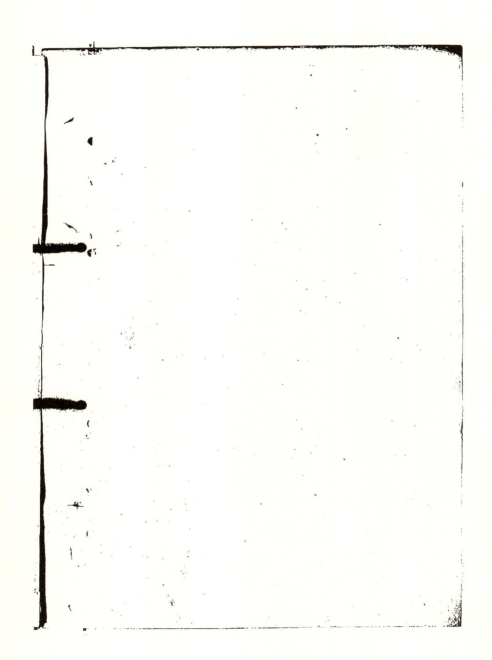

十七、4、8　拂キ

昭和十年度第一期分

満洲事件費機密費受拂報告書

（邦貨之部）

在上海日本大使館

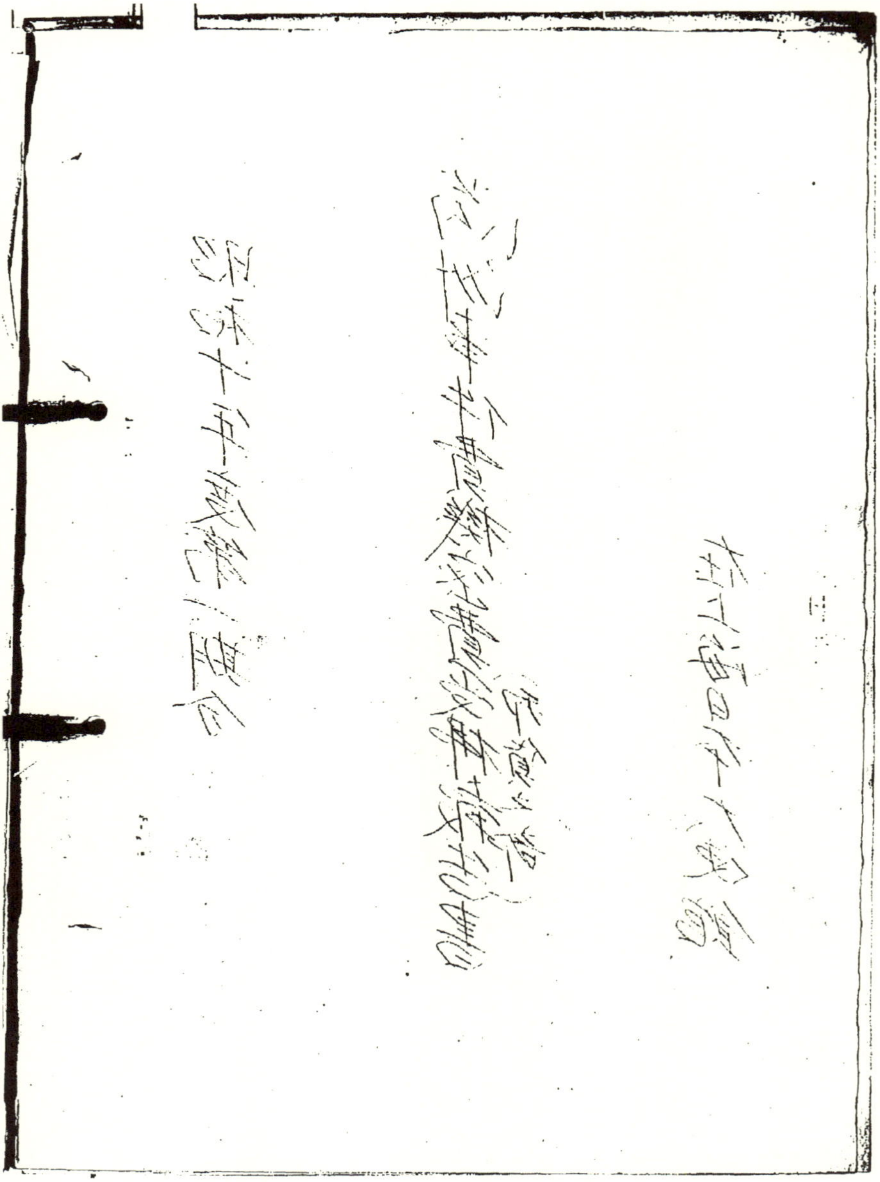

昭和十年度第一期分満洲事件費機密費受払報告書（加俸之部）

受入

一金壱萬参千圓也

内譯

一金参千圓也　前期末繰越高

一金壱萬圓也　本期受入高

支出

一金五千圓也　本期銀口座ニ振替高

差引

一金八千圓也　本期残高

右報告ス

昭和十年七月二十日

在上海日本大使館

在上海日本帝國總領事館

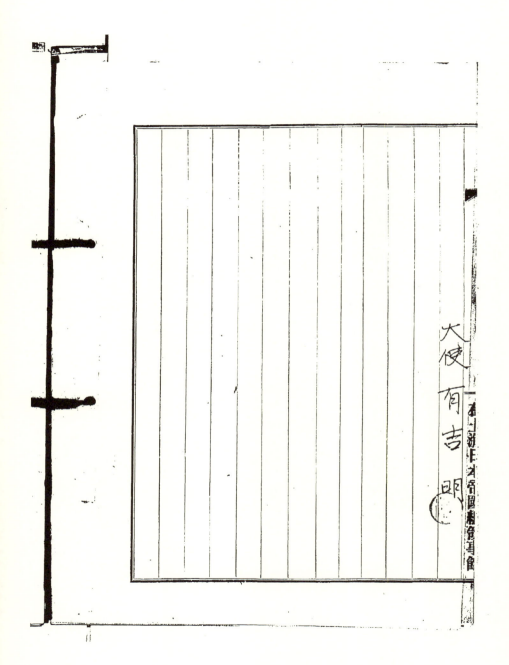

大使 有吉明

昭和十年度第一期分

満洲事件費機密費受払報告書銀之部

在上海日本大使館

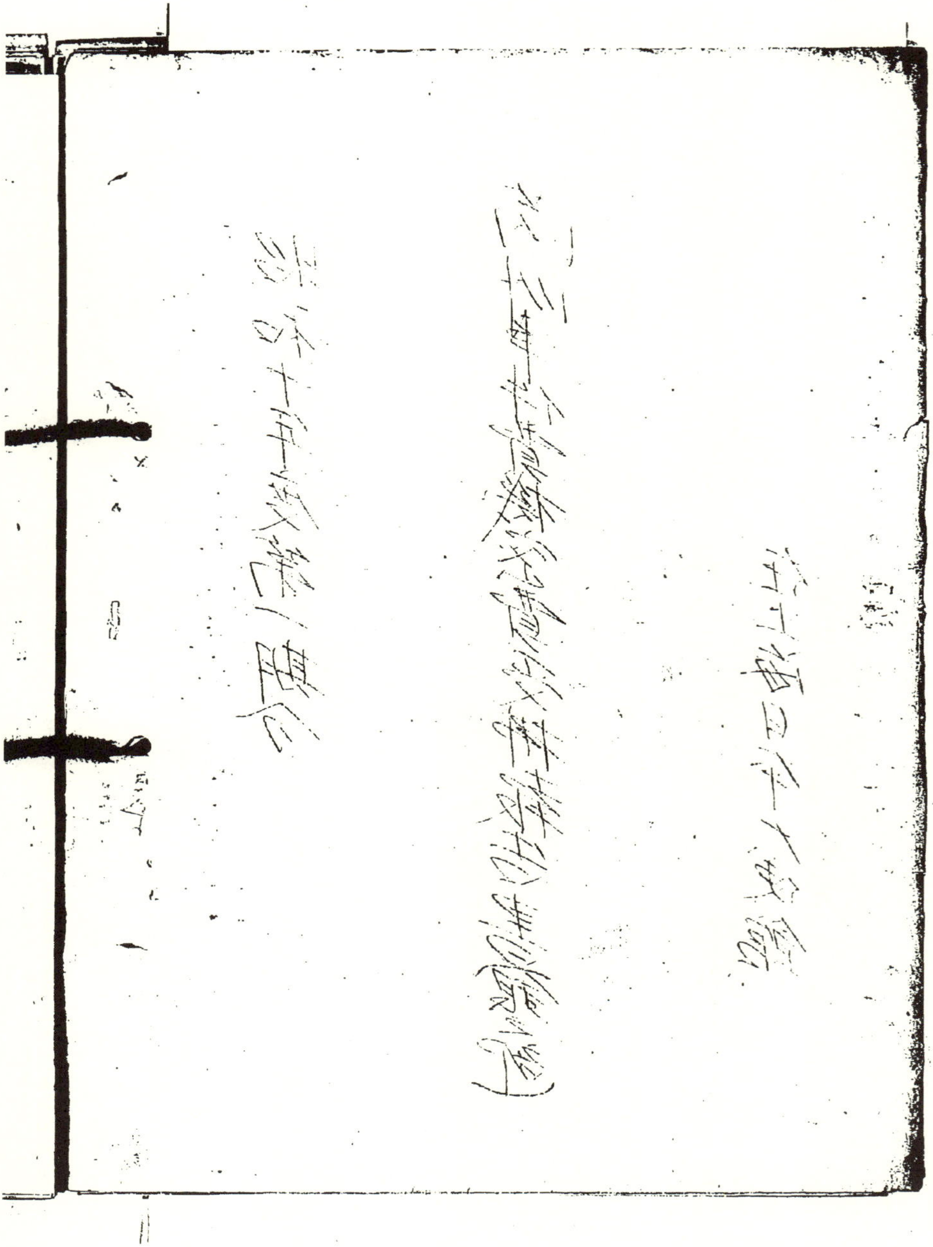

昭和十年度第一期分機密費（満洲事件費）受拂報告書（銀之部）

受入

一銀四千五百八拾九弗壹仙也

内譯

一銀壹千六拾四弗参拾貳仙也　前期末繰越高

一銀六百九拾弗八拾四仙也　本期金口座ヨリ振替受

此邦貨金壹千圓也（銀壹百弗ニ付金壹百四拾四圓七拾五銭也替）

一銀壹千参百七拾九弗参拾壹仙也　本期金口座ヨリ振替受

此邦貨金貳千圓也（銀壹百弗ニ付金壹百四拾五圓也替）

一銀壹千四百五拾四弗五拾四仙也　本期金口座ヨリ振替受

此邦貨金貳千圓也（銀壹百弗ニ付金壹百参拾七圓五拾銭也替）

支出

一銀四千七百九拾九弗五拾壹仙也　本期支拂高

在上海日本帝国総領事館

差引

一、銀貳百拾弗五拾仙也　本期不足高

右報告ス

昭和十年七月二十日

在上海日本大使館

大使有吉明

内譯左之通リ

支拂月日	摘要	金額	證書番號
四月十四日	麥瑞拂　四月十五日公使南京ニ出張ノ折携行宴會用洋菓子代	八〇〇	証第一號
仝十八日	本田鮮魚店拂　四月十五日公使南京ニ出張ノ折携行宴會材料代	八九三五	証第二號
仝十八日	同　三月二十七日公使南京ニ出張ノ折携行ノ宴會材料代	七九六四	証第三號
仝十九日	西吉之助拂　自四月一日至仝十九日官邸警備員食料代	一九〇〇	証第四號
仝二十三日	深町作次渡　漢文月刊雑誌「大平洋」補助金	三〇〇〇〇	証第五號
仝二十九日	堀内干城渡　汪精衛側近者操縦費	三〇〇〇〇	証第六號
仝三十日	西吉之助拂　四月中官邸宴會用布類洗濯代（白龍舍払分）	三四四四	証第七號
仝三十日	王長春渡　四月分諜報費	三〇〇〇〇	証第八號
仝三十日	諸祥筆渡　四月廿九日天長節祝日ニ使用セル傭人及[illegible]等十五名ニ対スル心付	三五〇〇	証第九號
仝三十日	月廼家拂　四月廿一日月廼家ニ[illegible]海軍[illegible]外海軍側[illegible]	二七二七〇	証第一〇號
仝三十日	六三亭払　四月十九日六三園ニ於テ[illegible]	一九五五〇	証第一一號

日付	摘要	金額（円）	銭	証
五月八日	滬領消費組合払 館内ニ於テ四月廿九日天長節奉祝レセプション用果物菓子等代	四一	六〇	証第一二號
仝 八日	山田儀四郎払、雑誌上海購読料 三ヶ月分（補助金）	一〇〇	〇〇	証第一三號
仝 九日	源泰洋行払、四月廿九日館内ニ於テ天長節奉祝レセプションニ使用ノ日本酒及ビール、サイダー代	六二	一七	証第一四號
仝 九日	日本電報通信社払、自四月至五月二ヶ月分電通料	一五〇	〇〇	証第一五號
仝 二十五日	幽芳花園払 四月廿九日館内ニ於テ天長節奉祝レセプションニ使用ノ飾花代	一〇	〇〇	証第一六號
仝 二十五日	日本人倶楽部払、四月廿九日館内ニ於ケル天長節奉祝レセプション おでん其他出前及附帯諸費	二〇〇	五〇	証第一七號
仝 二十七日	三越払 支那側要人ニ贈呈ノタメ購入（仝人）銅製花瓶外一点代（附属費ヲ含ム）金七九円八四銭 [illegible]	六〇	二八	証第一八號
仝 二十七日	町田巡査外一名払 自四月廿六日至五月廿五日 一ヶ月分 官邸（留守中ヲ含ム）警備員ニ支給食料品代	八四	〇〇	証第一九號
仝 二十八日	堀内千城渡 汪精衛側近者渡（操縦費）	三〇〇	〇〇	証第二〇號
仝 二十八日	王長春渡 五月分 諜報費	三〇〇	〇〇	証第二一號
六月十七日	月廼家払、五月十三日月廼家ニ於テ陳〇〇、周作民、銭永銘、[illegible] 招待宴会費 [illegible] 有吉大使 [illegible]	一〇七	七〇	証第二二號
仝 十七日	同 五月十六日 [illegible] 王長春等招待 [illegible] 外二名 [illegible]	二五二	五〇	証第二三號
仝 二十日	有吉明渡 自四月二十日至六月十日 大使帰朝中 [illegible] 旅費内金 [illegible]	六三五	〇三	証第二四號

月日	摘要	金額	証
六月二十六日	巡査細川光太郎拂 自六月一日至仝三十日分 官邸警備警察員二名食料品代	二四〇〇	証第二五號
仝 二十八日	六三亭拂 六月十一日六三園ニ於ケル上海市公安局長及王佐著外十一名招待 主人側細川大使外一名出席計十五名分	一二一二〇	証第二六號
仝 二十九日	若葉拂 六月四日若葉ニ於テ汪秘書長外六名招待 主人側田中總領事陪席 堀内外十名出席 計十名分	四二八〇	証第二七號
仝 二十九日	堀内干城渡 王長春渡 六月分 諜報費	三〇〇〇	証第二八號
仝 二十九日	同 汪派要人接待費	三〇〇〇	証第二九號
仝 二十九日	源泰祥行払 官邸ニ於ケル接客用煙草代	一九〇〇	証第三〇號
仝 三十日	西吉之助拂 自六月十一日至仝三十日 九日分一名 自六月三十日至仝三十日 一日分一名 官邸警備員ノ食料品代	二七〇〇	証第三一號
仝 三十日	本田鮮魚店払 四月十五日有吉公使南京出張ノ折 費用ノ宴会用果物代	二八一〇	証第三二號
	計	四七九九五一	

在上海日本帝國總領事館

(分類 D6,2,0,1-1-1-4)

機密大第五五八號

昭和十年九月三日

在中華民國
特命全權大使　有吉

外務大臣　廣田弘毅殿

昭和十年度第一期分情報施設機關機密諸費受拂報告書提出ノ件

昭和十年度第一期分滿洲事件費機密費受拂報告書　一

同上附屬證憑書　一

別紙添付

在中華民國上海日本公使館

昭和拾年九月九日接受

十年度 滿洲事件費 機密費 本

同　臨時外交施設費受拂報告書　一

同上附屬證憑書　一

在中華民國上海日本大使館

D

在中華民國上海日本公使館

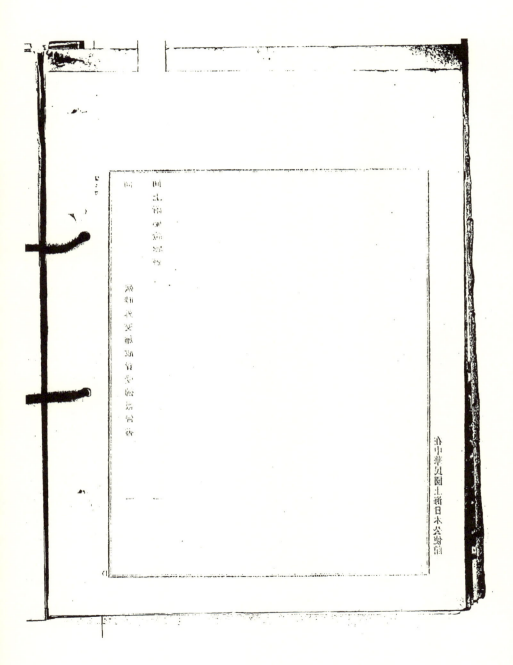

同上領事館警察署

[illegible]

昭和十年度第一期分

滿洲事件費機密費受拂報告書

（情報施設機關之部）

在上海日本大使館

[illegible]第五作[illegible]綴

（[illegible]——）

[illegible]

昭和十年[illegible]整合

昭和十一年度第一期分満洲事件費機密費受支拂報告書

受入

一、銀貳千四百弗也（オリエンタルアフェアー誌補助金四、五、六月分）本期受入高

此邦貨金参千四百参拾貳円也（銀壹百弗ニ付金壹百四拾参円廿銭替）

支出

一、銀貳千四百弗也　本期支拂高

~~此邦貨金~~

差引

一、ナシ

右報告ス

昭和十一年七月二十日

在上海日本大使館

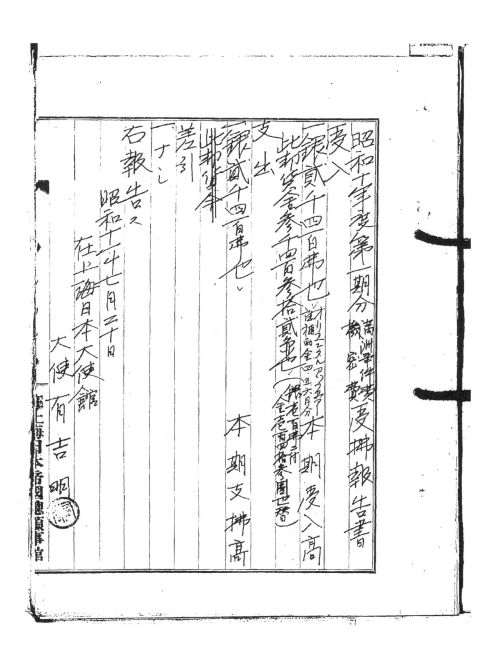

大使　有吉明

内譯左之通

支拂月日	摘要	金額	證書番號
四月二十五日	オリエンタルアフエアー誌四月分補助金	八〇〇〇〇	証第一號
五月二十四日	同　五月分同	八〇〇〇〇	証第二號
六月二十九日	同　六月分同	八〇〇〇〇	証第三號
	計	二四〇〇〇〇	

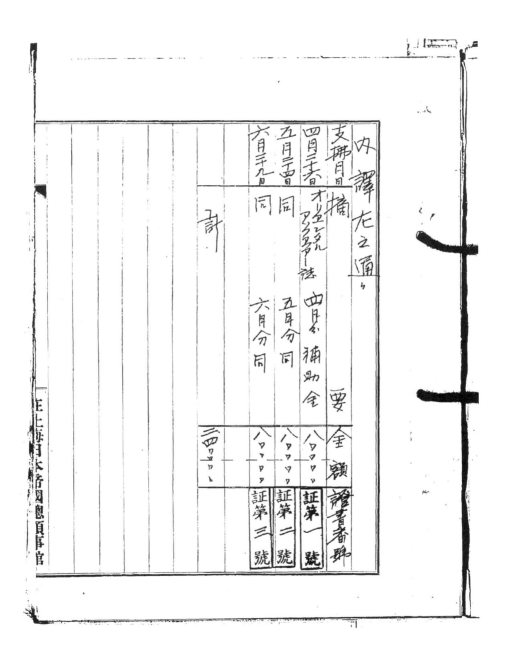

在上海日本帝國總領事館

會計課

機密第六八七號

昭和十年十二月二日

豫算

別紙添附

在中華民國日本大使館
大使館參事官　若杉

外務大臣　廣田弘毅殿

昭和十年度第二期滿洲事件費機密費受拂報告書提出ノ件

本件書類左記ノ通提出ス御査閲相成度此段申進ス

記

一、昭和十年度第二期滿洲事件費機密費受拂報告書　一通
二、右附屬證憑書　一冊

在中華民國日本大使館

満洲事件費機密費第二期受拂報告書

	過不足	邦貨		過不足	洋銀	
前期越高	残	八〇	〇〇	不足	二三	四八
本期支拂高					一、五六八	七八
差引高	残	八〇	〇〇	不足	一、五九二	二六

支拂内譯

饗宴又ハ支拂月日	摘要	場所	金額		証書番号
七、一	騎兵旅団長長谷川少将兵隊長金子少佐陣下副官田口大尉等午餐 主客十名 豊澤園	老公館	三四	二二	一
	同上手傳人心付		一	三〇	二
二	宴會用支那酒代 長盛号		四七	二〇	三
三	〃 西洋酒代 VIRGONA		五	五〇	四
五	七月六日外人記者チインパレー、フィシャー、ゲッテイ、ローハードソン等午餐、招宴	六国飯店	二四	二一	五
八	宴會用ビール二函代 信昌洋行		一九	一三	六

在中華民國日本公使館

七		七月七日 廿二軍参謀、鄭文軒市政府顧問元軍司令部朱武勤、国務院日本主任楊維新等 主賓八名 自宅補足	老公館	二七五〇
八		同上手伝人心付		一三〇
九	一七	新旧歩兵隊幹部招待 主賓五名	長春亭	五九九〇
一〇		六月廿八日陸軍武官及陸軍将校招待 主賓九人	〃	一〇二六〇
一一		七月一日沖野兼、新旧海軍武官招待 主賓五名	〃	四〇二〇
一二		六月廿三日天津軍参謀及将校五名二次会ニ招待 主賓六名	天津敷島	四〇四四
一三		七月十一日天津新聞記者二名招待	〃 〃	四七五四
一四		七月十四日天津軍将校四名二次会招待	〃 〃	三四〇一
一五		七月十六日天津軍参謀長以下参謀及総領事館員等七名招待	〃 〃	一四二八九
一六		七月十七日満鉄調査員及将校八名招待	〃 〃	五〇八六
一七	八、九	海軍武官招待 主賓三名	朝日軒	四九三〇
一八	一〇	天津駐屯軍司令官送別宴支那側要人等 主賓三十八名	太陽	一〇一三四
一九		同上氷代		五〇

在中華民國日本公使館

月日	摘要	支払先	備考	金額	番号
	同上来賓車夫飯料			一〇八〇	二〇
	同上手伝人心付			七七〇	二一
二〇	邦人新聞記者招待 主客十二名	玉華台	武藤書記官会	二四九〇	二二
	同上手伝人心付			一三〇	二三
	宴會用支那酒代	長生号		四〇〇	二四
	〃 紙巻煙草代	SKIOT		二一	二五
	〃 サイダー代	吉田洋行		八五〇	二六
三一	〃 支那酒代	長盛号		二八〇〇	二七
	関東軍荒川顧問随員外五名 主客十二名	東興楼	石公使	二一四〇	二八
	〃 手伝人心付			八〇	二九
	八月卅日大阪実業視察団十五名招待 主客十二名	[illegible]	↓	一〇〇〇〇	三〇
九・七	大阪毎日新聞派員、北支那旅行者、満洲日報記者九名招待		武藤書記官会	三四九〇	三一
	〃 支那酒代			四〇〇	三二
	〃 手伝人心付			三〇	三三

在中華民國日本公使館

八	支那側学人王克敏、俞家驥、傅宗和、魏文翰、楊廷溥子十二人　主賓二十名　泰豊楼	大使官邸	七二.九二	三三
	手伝人心付		七.七〇	三四
	氷代		.六〇	三五
	来賓車夫飯銭		九.六〇	三六
一〇	宴会用紙巻煙草代		一二.〇〇	三七
	新任海軍武官歓迎及陸軍武官栄役祝　主賓九名　自宅調理	[illegible]	二七.〇〇	三八
	支那芸人心付　同上		二〇.〇〇	
	同上手伝人心付		二.六〇	三九
一六	百武憲兵隊司令官及津田司令官、陸海軍武官五・支那側学人等主賓六十五名　豊沢園	大使官邸	一八一.八〇	四〇
	同上手伝人心付		九.八〇	四一
	氷代		.六〇	四二
	来賓車夫飯銭		一〇.八〇	四三
	宴会用サイダー、茶子代　[illegible]		一八.五五	四四

四五	七月分附戒司令部秘書董鑑堂寄令部長官康澤其他支那要人招待 主客十名 豊澤園	老公館	二九・八二
四六	手傳人心付		一・三〇
四七	宴會用タバコ代 SK10T1S		一二・〇〇
四八	〃 ペハーミント一本代		八・五〇
四九	九月六日山海関特務機関長木下大佐及隊員武官外一名招待	長春亭	六四・六五
	合計		一、五六八・七八

右之通ニ候也

昭和十年十月十四日

在中華民國日本大使館

大使館参事官 若杉要 （印）

在中華民國日本公使館

昭和十年度第二期分

満洲事件費機密費受拂報告書

弗貨之部

在上海日本大使館

編者附言
本書ハ
昭和十年十一月十一日附
在中華民國大使館
備考附來信
機密大參第 八二九 號
ノ附屬ナリ
原書ハ機密挟込ニアリ。

昭和十年度第二期分満洲事件費機密費受払報告書（銀之部）

受入

一銀六千九拾八弗拾九仙也

内譯

一銀貳千貳百参拾八弗八拾仙也 本期金口座ヨリ振替受高

此邦貨金参千圓也（銀壱百弗ニ付金壱百参拾四圓也替）

一銀貳千参百六拾六弗八拾六仙也 本期金口座ヨリ振替受高

此邦貨金参千圓也（銀壱百弗ニ付金壱百貳拾六圓七拾五銭也替）

一銀壹千四百九拾貳弗五拾参仙也 本期金口座ヨリ振替受高

此邦貨金貳千圓也（銀壱百弗ニ付金壱百参拾四圓也替）

支出

一銀六千貳拾七弗貳拾参仙也

内譯

在上海日本帝国総領事館

在上海日本帝國總領事館

一銀貳百拾弗五拾仙也　前期末不足高

一銀五千八百拾六弗七拾参仙也　本期支拂高

差引

一銀七拾弗九拾六仙也　本期残高

右報告ス

昭和十年十月二十日

在上海日本大使館

大使有吉明

内譯左ノ通リ

支拂月日	摘要	金額	證書番號
七月一日	深町作次渡　自七月至九月雜誌大平洋補助金	三〇〇〇	証第一號
仝　八日	本田鮮奥右拂ヘ　六月十三日大使南京ヘ御出張ノ際宴會材料代	八五八七	証第二號
仝　九日	河村健之助渡　報告書「廣西省ニ於ケル經濟概況」ニ対スル補助金	五〇〇〇	証第三號
仝　十一日	日本電通社拂　自六月至七月十二日分電報通信料	一五〇〇〇	証第四號
仝　十三日	平田商行拂　外交次長唐有壬氏母堂七十才ノ祝ニ贈呈置時計代	八〇〇〇	証第五號
仝　十七日	山田儀四郎拂　雜誌上海補助金（臨時）	一〇〇〇〇	証第六號
仝　二十三日	堀内千城渡　在留機関並務関係者接洽費	三〇〇〇〇	証第七號
仝　二十三日	平田商行拂　明大野球部ト當地外人野球部トノ試合ニ於テ優勝ゲームニ贈呈カップ代	一一五〇〇	証第八號
仝　二十五日	王長春渡　七月分諜報費	三〇〇〇〇	証第九號
仝　二十六日	白龍雲拂　官邸宴會用布類洗濯代	二三三〇	証第一〇號
仝　三十一日	西吉之助拂　七月廿八日官邸ニ於テ満洲國官吏[illegible]及[illegible]大使外[illegible]	一三七五〇	証第一一號

在上海日本帝國總領事館

日付	摘要	金額			証
仝 三十一日	西吉之助拂 七月分官邸警備警察員一名食料金代	三一	○	○	証第一二號
仝 三十一日	東方製氷販賣所拂 官邸宴會用氷柱及冷却用氷代	一二	二	四	証第一三號
仝 三十一日	源泰洋行拂 官邸宴會及接客用煙草及洋酒類代	二七八	四	六	証第一四號
仝 三十一日	ヴァレンレンカンパニー払 官邸接客用煙草代	一	○	五	証第一五號
八月一日	六三亭拂 七月九日六三園ニ於テ特陸荒木司令官以下[illegible]外[illegible]名出席[illegible]	一五七	一	○	証第一六號
仝 七日	堀内干城渡 汪張側近者操縦費	三○○	○	○	証第一七號
仝 七日	同 杜月笙部下要人（中丸心付）	五○○	○	○	証第一八號
仝 七日	横浜正金銀行上海支店払込 在天津橋三郎宛送金銀五○○弗ニ対スル送金手数料	三	五	○	証第一九號
仝 十二日	在天津橋三郎渡 諜報費	五○○	○	○	証第二○號
仝 十六日	月廼家拂 七月十五日月廼家ニ於テ劉葉倫、曾宗鑑招待 陪席書記官外三名 計六名分	六六	九	○	証第二一號
仝 二十一日	王長春渡 八月分諜報費	三○○	○	○	証第二二號
仝 二十一日	西吉之助拂 八月分官邸警備警察員一名食料金代	三一	○	○	証第二三號
仝 二十二日	日本電報通信社拂 自八月一日至九月三十日二ヶ月分電報通信料	一五○○	○	○	証第二四號

月日	摘要	金額	証憑
九月十日	堀内干城渡 汪兆銘派要人操縦費	三〇〇〇〇	証第二五號
仝 十六日	深町作次渡 自十月至十二月三ヶ月分雑誌「大平洋」補助金	三〇〇〇〇	証第二六號
仝 二十七日	白龍舎払 官邸宴会用布類洗濯代	一五八六	証第二七號
仝 二十八日	堀内干城渡 汪精衛派要人\[illegible\]	三〇〇〇〇	証第二八號
仝 二十八日	王長春渡 九月分諜報費	三〇〇〇〇	証第二九號
仝 三十日	西吉之助払 九月分官邸警備警察員一名食料代	三〇〇〇	証第三〇號
仝 三十日	源泰洋行払 官邸ニ於ケル宴会用煙草五〇〇本代	五一七三	証第三一號
仝 三十日	月廼家払 五月より十月迄 九月廿日月廼家ニ於テ吐月堡外二名招待 主人側堀内、須磨、有田書記官\[illegible\]計六名	一一二〇二	証第三二號
仝 三十日	同 九月廿一日月廼家ニ於テ周、李、蔣\[illegible\] 主人側堀内\[illegible\]書記官外三名 計七名	一〇四六〇	証第三三號
仝 三十日	閣六三亭払 九月廿九日六三園ニ於テ\[illegible\] 主人側有田\[illegible\]外\[illegible\] 計十一名	三二九六〇	証第三四號
	計	五八一六七三	

在上海日本帝國總領事館

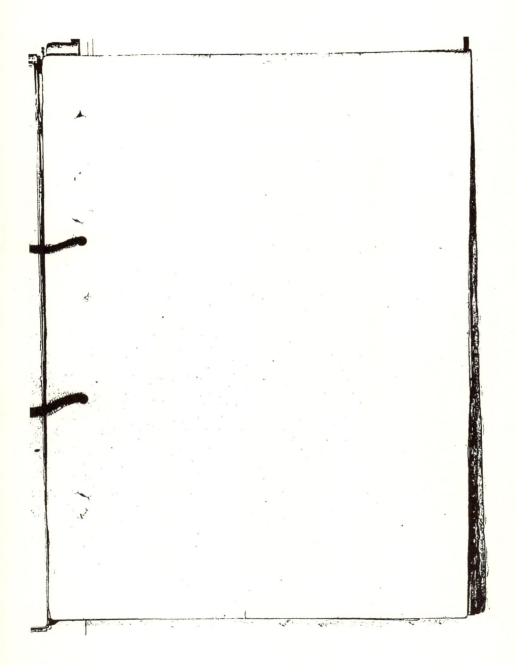

昭和十年度第二期分

満洲事件費機密費受拂報告書

邦貨之部

在上海日本大使館

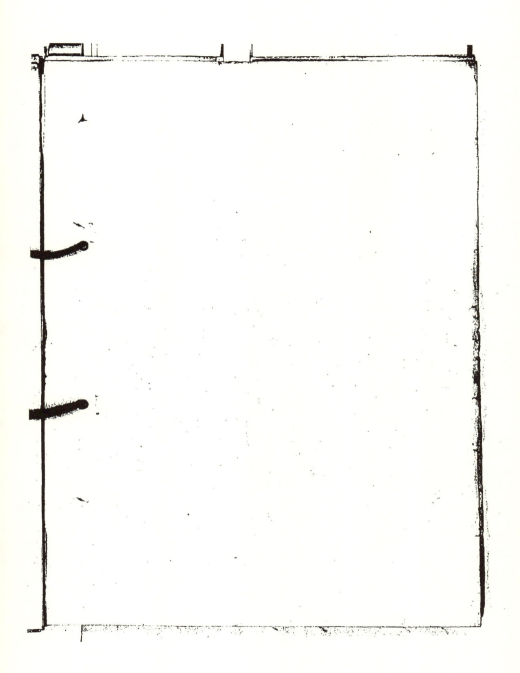

昭和十年度第二期分（満洲事件費）機密費受拂報告書（邦貨之部）

受入

一金壹万八千圓也

　內譯

一金八千圓也　前期末繰越高

一金壱万圓也（第二期分）　本期受入高

支出

一金八千圓也　本期銀口座ニ振替高

差引

一金壱万圓也　本期残高

右報告ス

昭和十年十月二十一日

在上海根本大使館　印

在上海日本帝國總領事館

在上海日本帝國總領事館

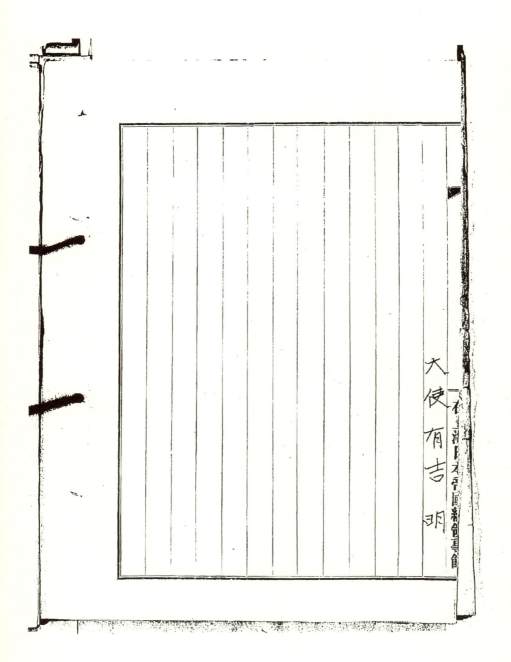

大使有吉明

照合票

機密大第八九三號

記錄件名　滿洲事件費機密費　在支各館

十二年六

昭和十年十一月二十九日

發信者　中華民國　有吉大使

受信者　廣田外務大臣

件名　昭和十年度第二期分宴會費機密費（滿洲事件費機密費ヲ含ム）計算書提出ノ件

願書ハ左記ニ在リ

記

門4類分項0目1-4號

昭和十年度　宴會費關係　在支各館

（分類 ⓪6,2,0,1-1-4　）

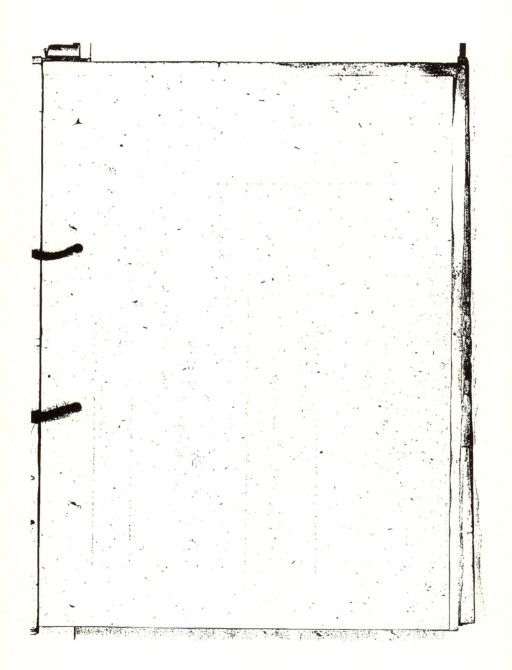

昭和十年度第二期分

満洲事件費機密費受拂報告書

情報施設機関之部

在上海日本大使館

編者附言

本書ハ
昭和十年十一月廿九日附
在中華民國大使館
備事館來信
機密大公第 八九四 號
ノ附属ナリ
原書ハ臨時外交施設費ニアリ

昭和十年度第二期分機密満洲事件費受払報告書

受入

一、銀貳千四百弗也　オリムニ与タルアベクアテー諜補助金七、八、九月分　本期受入高

此邦貨金参千八拾四圓也（銀壹百弗ニ付金壹百貳拾八圓五拾銭替）

支出

一、銀貳千四百弗也　本期支払高

差引

一、銀　／

右報告ス

昭和十年拾月二十一日

在上海日本大使館

大使有吉明　［印］

在上海日本総領事館

在上海日本帝國總領事館

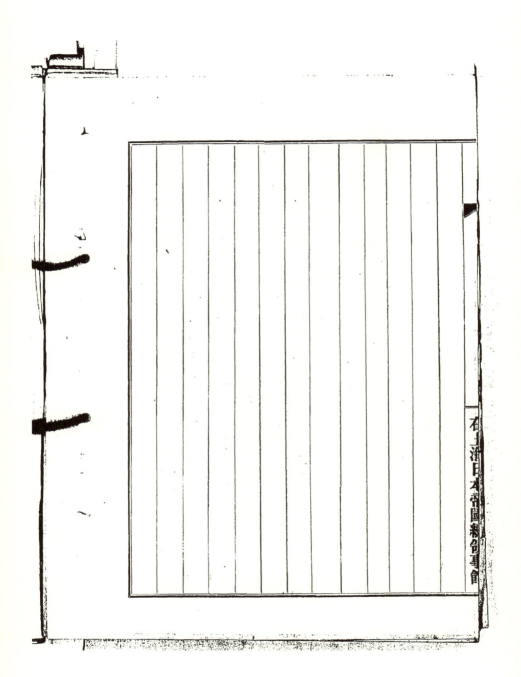

内譯左之通り

支拂月日	摘要	金額	證書番號
七月二十六日	オリエンタルアフエアー誌 七月分補助金	八〇〇〇〇	証第一號
八月三十日	同 八月分 仝	八〇〇〇〇	証第二號
九月三十日	同 九月分 仝	八〇〇〇〇	証第三號
合計		二四〇〇〇〇	

在上海日本帝國總領事館

會計課

昭和拾年十一月廿五日接受

機密第七一六號　豫算

有添附物

昭和十年十一月十六日

在中華民國日本大使館

大使館參事官　若杉要

外務大臣　廣田弘毅殿

本年度第三期中事件費機密費受拂報告書提出ノ件

昭和十年度第三期ニ於ケル本官本期在任中滿洲事件費機密費受拂報告書左記ノ通提出ス御査閲相成度此段申進ス

記

一、滿洲事件費機密費第三期中受拂報告書　一通

一、同　附屬證憑書　一册

以上

在中華民國日本大使館

満洲事件費機密費昭和十年度第三期中受払報告書

前期越高 邦貨八〇〇円、五〇〇円@78 洋銀 三九〇、〇〇〇弗
〃 八〇〇円・中三〇〇円@84 〃 二五二、〇〇〇 六四二、〇〇弗

不足 一、五九二、二六

支払高 三四六、一八

差引不足高 一、二九六、四四

支払内訳

饗宴月日又ハ支払月日	摘要	場所	金額	証拠番号
九、九	於鮮総督府岡井子孫吉外三名招待	大國飯店	一六 六〇	一
一八	参謀二名招待	天津神戸館	五四 三三	二
二八	駐滿海軍司令官津田中将招待	長春亭	五八 一〇	三
	〃	朝日軒	一六 九〇	四
一〇、一	九月中宴会用支那酒代	長盛号	五八 一	五

在中華民國日本公使館

六	一〇、一	協和公司財政部員、駐協武官及大毎記者招待（主賓五名）	六國飯店	六〇九五	
七	一七	北平市政府未發表之曹思祝惶之字主賓九名東興樓	老公館	二〇一	
八		同上手傳心付		一三〇	
九		〃 葉書一萬 SK-10T-15		二三一	
一〇	一一、一〇	警察招魂祭參拜者接待料 右內	道場	二五一	
		合計		三四六、一八	

右之通報告候也

昭和十年十一月十四日

在中華民國北平

大使館參事官　若杉要　㊞

在中華民國日本公使館

編者附書
本書ハ
昭和十二年一月五日附
在中華民國（北平）大使館來信機密第四八號
ノ附屬ナリ

（分類 06.12.1.1-1-4）

支那事變及第三期中 満洲事件費機密費 報告書

	邦貨	洋銀貨
尚 不足		一、二九六、四四
		一、二九六、四四
千円ノ内	五〇〇〇〇	丙ノ内 五〇〇円 @95.70 四七八、五〇
	一	四二、四〇
	五〇〇、〇〇	四三六、一〇

支拂内譯

支拂月日	摘要	金額	証憑番号
一二、二七	十二月廿六日入江顧問宝内次長内閣旗人等招待晩餐 主客九人 玉華台	二九、一〇	一
	仝 来賓支那人車夫飯代	三、二〇	二
	仝 支那酒 長生号	八、〇〇	三
	仝 手傳人心付	二、一〇	四

在中華民國日本公使館

満洲事件費機密費報告書

(分類 06.2.1.1-1-4)

昭和十年度第三期中 満洲事件費機密費 報告書

	邦貨	洋銀貨
前任者引継高		不足 一、二九六、四四
受入高		一、二九六、四四
合右	千円ノ内 五〇〇.〇〇	千両ノ内 五〇〇円 @9520 四七八、五〇
支払高	｜	四二、四〇
差引残高	五〇〇、〇〇	四三六、一〇

支払内訳

支払月日	摘要	金額	証書番号
一二、二七	十二月廿六日入江海軍武官室次長海軍々人等招待 晩餐 主客九人 玉華台	二九、一〇	一
〃	〃来賓支那人車夫飯代	三、三〇	二
〃	〃支那酒 長生号	八、〇〇	三
〃	〃手伝人心付	二、一〇	四

在中華民國日本公使館

計

四二四〇

機密メモ一葉添付

右之通報告候也

昭和十一年二月三日

在北平日本大使館

大使館一等書記官武藤義雄　（印）

在中華民國日本公使館

昭和拾壹年參月貳日

拜啓貴兄益々御清祥ノ段奉大賀候陳者當館宴會費並ニ機密費ニ關シ曩ニ若杉參事官ヨリ稟請アリタルニ對シ特別ナル御考慮ヲ蒙リ其結果去ル十二月二日附會機密第二四五號ヲ以テ宴會費及ヒ諸機密費御送金下サレ御蔭ヲ以テ多大ノ便益ヲ得難有存候

然ル處同信末ニ「事件費機密費千圓（經常機密費第四期分三百圓ヲ含ム）」ト有之候處本年度經常機密費ハ四月二十日、六月十八日、九月五日及十月十六日各金三百圓也宛ノ御送金ニテ全額受領濟ニ有之樣被存ルニ付テハ一應御取調相成度候而シテ右ノ千圓ハ全額事件費トシテ經理致度義ニ參事官時代ニハ節約シツヽモ尚且月約五百弗ヲ要セル實情ニテ時局ハ愈復雜ヲ極メ行ク最近ニ於テハ本件ノ經理ハ更ニ一層苦シキ次第ナレハ此點御含ノ上右豫メ御了承相成度度此段御照會旁々得貴意候　敬具

昭和十一年二月十四日

在北平　貴川善作

會計課
山口宮吉殿

在中華民國日本大使館

拝讀 御申越ノ棒奉金送金ニハ貴兄ニ於テ誤リアルニ付右金別
紙ノ通リ又々書キ直シ送ルニ付御了承下サレ度尚不足訳トシテ
不足ヲ御附送残ス之面白カラサルニ付其ノ辺御了承御精理(?)成シ度
又高島氏ニ在勤俸ノ補助ニ如何程ノ金不足ナル哉否同氏
ニ御談シ之レ且タルハ何レ其ノ内決算アルモノト存セラレ候ニ付係
モノ御了承下サレ先ハ不取敢御返事迄申度貴意得度

昭和拾壹年參月貳日

郁夫

山口

藤山君

（美濃半截罫紙）

外務省

	送金額		
四月十九日	三〇〇〇	若杉參事官支隊費 第四號分	十印字番号之四三
五月十五日	三〇〇〇	婦券金	合第八四五号往信 十印字番号之一六〇
六月十七日	三〇〇〇	〃	合第一〇四三号往信 〃之三九〇号
九月四日	三〇〇〇	〃	合第一五九一号往信 〃之八六二号
十月十五日	三〇〇〇	若杉參事官支隊費 第二號分	十印字番号之一一六八号
七月五日	一二三五三	〃 第一號分	

昭和十年度第三期分

満洲事件費機密費受払報告書（邦貨之部）

147

在上海日本大使館

編者附書
本書ハ
昭和十一年三月四日附
在中華民国大使館
領事館来信
機密大公第一四七號
ノ附属ナリ
原書ト機密費ニアリ。

昭和十年度第三期分満洲事件費機密費受拂報告書（邦貨之部）

受入

一金壹萬圓也　前期末繰越高

支出

一金壹萬圓也　本期銀口座ニ振替高

差引

一ナシ

右報告ス

昭和十一年一月二十日

在上海日本大使館

大使　有吉明　（印）

在上海日本帝國總領事館

昭和十年度第三期分

満洲事件費機密費受拂報告書（弗貨之部）

149

在上海日本大使館

昭和十年度第三期分満洲事件費機密費受払報告書（弗貨之部）

受入

一銀九千七百拾九弗参拾仙也

内譯

一銀七拾弗九拾六仙也　前期末繰越高

一銀貳千八百七拾弗八拾壱仙也　本期銀金口座ヨリ振替受高
此邦貨金参千圓也（銀壱百弗ニ付金壱百四圓五拾銭也替）

一銀貳千八百八拾四弗六拾壱仙也　本期金口座ヨリ振替受高
此邦貨金参千圓也（銀壱百弗ニ付金壱百四圓也替）

一銀参千八百九拾貳弗九拾貳仙也　本期金口座ヨリ振替受高
此邦貨金四千圓也（銀壱百弗ニ付金壱百貳圓七拾五銭也替）

支出

一銀壱萬五百拾貳弗七拾六仙也　本期支払高

在上海日本帝國總領事館

本期不足高

差引

一銀六百九拾参弗四拾六仙也

右報告ス

昭和十一年一月二十日

在上海日本大使館

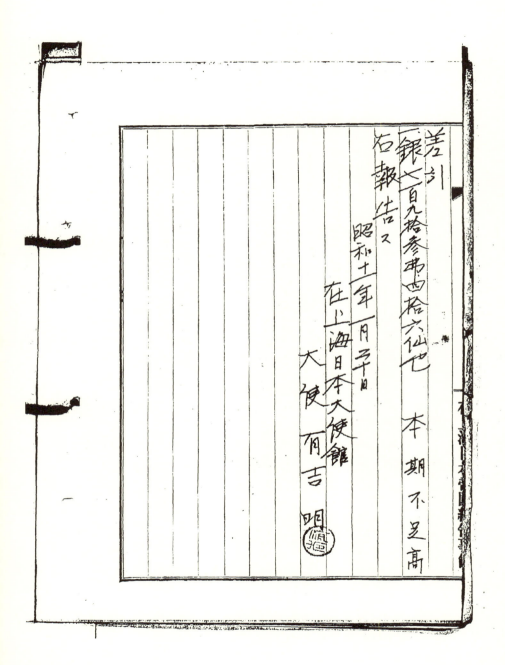

大使　有吉明

内譯左之通り

證書番號	金額	摘要	支拂月日
証第一號	一七〇〇	陶陶酒家拂、十月二日陶々酒家ニ於テ日支共同[illegible]關係者招待費[illegible]	十月二日
証第二號	五〇〇〇	堀内干城渡	仝 十九日
証第三號	三〇〇〇〇	同 汪派側近者ニ支給 十月分	仝 三十日
証第四號	一〇〇〇〇	同 海関関係諜報費	仝 三十日
証第五號	七〇九六	六三亭拂、十月廿八日六三園ニ於テ出先外、陸、海、三省聯絡會[illegible]	仝 三十日
証第六號	六一〇四	西吉之助拂、[illegible]關係者招待[illegible]	仝 三十日
証第七號	三一〇〇	同 自十月一日至仝三十一日一ケ月分官邸警備男一名食料代	仝 三十日
証第八號	三三五五	白龍舍拂、自九月廿五日至十月廿四日官邸宴會用布洗濯代	仝 三十日
証第九號	五六〇〇	バケーライト払、[illegible]聯合通信一行經濟視察團招待	十一月二日
証第一〇號	三三六〇	換寿司拂、[illegible]官邸ニ於ケル[illegible]寿司代	仝 五日
証第一一號	二一一〇八	月廼家拂、十月十八日月廼家ニ於テ[illegible]許十名	仝 六日

在上海日本帝國總領事館

日付	摘要	金額	証憑
十一月六日	月廼家拂 十一月[illegible]日月廼家ニ於テ支那臨時[illegible]陸海軍[illegible]主人側[illegible]書記官[illegible]計九[illegible]	一九二九〇	証第一二號
仝 六日	堀内干城渡 内藤[illegible]太郎ニ調査[illegible]交付ス	一〇〇〇〇	証第一三號
仝 七日	王長春渡 十月分	三〇〇〇〇	証第一四號
仝 七日	堀内干城渡 汪派側[illegible]者ニ支給 十一月分	三〇〇〇〇	証第一五號
仝 十二日	山田儀四郎拂 雑誌上海第三期分補助金	一〇〇〇〇	証第一六號
仝 十四日	日本電報通信社拂 自十月至十二月 [illegible]月分[illegible]通信料	一五〇〇〇	証第一七號
仝 十七日	堀内干城渡 「ゲントウエル」ニ支給 雑誌補助金	一〇〇〇〇	証第一八號
仝 二十三日	王長春渡 十一月分	三〇〇〇〇	証第一九號
仝 二十九日	三幸拂 十一月七、二十三日[illegible]陸海軍武官[illegible]主人側[illegible]計[illegible]	五九八〇	証第二〇號
仝 三十日	上海報社拂 中国年鑑一五〇部代	一八〇〇〇	証第二一號
仝 三十日	西吉之助拂 十一月[illegible]官邸ニ於テ[illegible]会[illegible]	五〇一五	証第二二號
仝 三十日	同 自十一月[illegible]至仝[illegible]官邸警備員食料代	五八〇〇	証第二三號
仝 三十日	白龍舎拂 自十月廿八日至十一月廿[illegible]日官邸[illegible]代	一五四二	証第二四號ノ一
仝 三十日	六三亭拂 十一月[illegible]日[illegible]四名[illegible]	二〇八六〇	証第二四號ノ二

月日	摘要	金額	証憑
十一月三十日	三幸払　十一月十五日三幸ニ於テ漢字新聞記者六名招待主人側堀内書記官外一名計八名分	五〇五〇	証第二五號
仝　三十日	日本人倶楽部払　十一月廿五日官邸ニ於テ支那側新聞記者招待セル際ニ於ケル茶会一行並十一月及今井武官招待ノ手伝人費	一四六〇	証第二六號
十二月十四日	深町作次渡　雑誌大平洋補助金　昭和十一年自一月至三月三ヶ月分	三〇〇〇	証第二七號
仝　二十一日	堀内干城渡　十一月二十一日有吉大使南京ヨリ出張ノ際ニ於ケル特別車関東ボーイ心付及出迎諸雑費	一〇四〇〇	証第二八號
仝　二十四日	新緑園払　汪兆銘氏負傷病気見舞植木鉢植一個代	八〇〇〇	証第二九號
仝　二十四日	王長春渡　十二月分	三〇〇〇	証第三〇號
仝　二十四日	堀内干城渡　昭和十年度忘年会補助	四〇〇〇	証第三一號
仝　二十七日	月廼家払　十一月二十日月廼家ニ於テ通信社記者関係招待五名主人側有吉大使外三名	一三九三〇	証第三二號
仝　二十七日	同　十二月二十六日月廼家ニ於テ長官等送別宴海軍側招待八名主人側有吉大使外二名	一一四一〇	証第三三號
仝　二十八日	本田鮮魚店払　十二月十九日大使南京ヘ携行官舎用材料代	二二六九四	証第三四號
仝　二十八日	同　十二月十六日大使南京ヘ携行官舎用材料代	三五四〇五	証第三五號
仝　二十八日	同　十二月二十一日大使南京ヘ携行官舎用材料代	一三九二六	証第三六號
仝　二十八日	三笠屋払　十二月二十一日・二十六日大使南京ヘ携行牛肉代	二八三五	証第三七號

在上海日本総領事館

月日	摘要	金額	證憑
十二月二十八日	右同日 烟家拂 去ル十一月烟家ニ於テ衛補作李英招待 主人側 横田書記官 計表ス	五八八〇	証第三八號
仝 二十八日	白龍舍拂 十二月六日官邸ニ於ケル宴會用布巾類洗濯代	一三八八	証第三九號
仝 二十八日	源泰洋行拂 官邸ニ於ケル宴會用ノ精米用煙草洋酒等代	一八〇一八	証第四〇號
仝 二十八日	山田儀四郎拂 上海日語專修學校補助金	一〇〇〇〇	証第四一號
仝 二十八日	有吉明渡 年末ニ際シ支那側要人其他諸報告者等ニ謝禮及心付等トシテ支給ノ分	三、五六七〇〇	証第四二號
仝 二十九日	有野學渡 深公安局第五區長ニ年末謝禮トシテ支給ノ分	三〇〇〇〇	証第四三號
仝 三十日	西吉之助拂 官邸警備員ニ十二月分食料代	六二〇〇	証第四四號
仝 三十日	仏工部局渡 年末手當謝禮トシテ大使官邸警備ニ從事セル仏工部局員ニ對シ支給セルモノ	二〇〇〇〇	証第四五號
仝 三十日	西吉之助拂 十二月十一日官邸ニ於ケル第三艦隊及海軍武官招待 主人側 有吉大使外十名 計二十一名	一、六三〇〇〇	証第四六號
仝 三十日	高橋悟朗渡 調査報告料トシテ	二〇〇〇〇	証第四七號
仝 三十日	堀内干城渡 汪派側近者手当 十二月分	三〇〇〇〇	証第四八號
	計	一〇、五一二七六	

編者附言
本書ハ
昭和十一年六月十日附
在中華民國大使
館来信
機密大参第三五二號
ノ附属ナリ

乙

昭和十年度第四期分

満洲事件費機密費受拂報告書

情報施設機関之部

廃

在上海
日本大使館

昭和十年度第四期分

満洲事件費機密費受拂報告書

情報施設機関之部

在上海

日本大使館

記録件名 満洲事件費関係 機密費

不要記

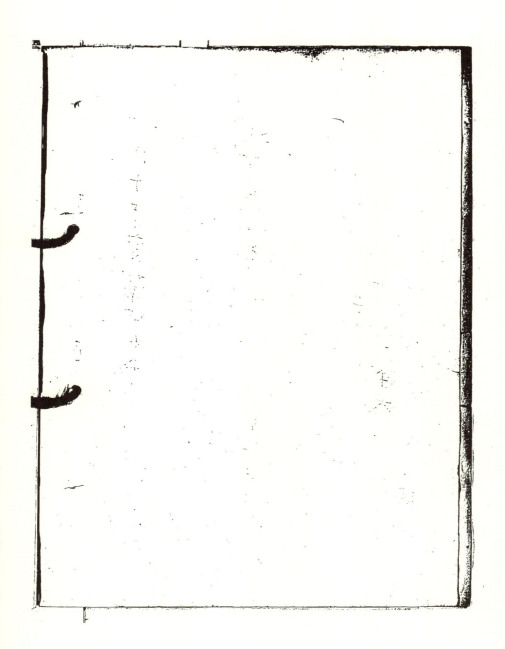

昭和十年度第四期分（満洲事件費機密費）受拂報告書（情報施設機関之部）

受入

一銀貳千四百弗也（オリエンタル・アフェアー社補助金）　本期受入高

此邦貨金貳千五百八圓也（銀壹百弗ニ付金壹百四圓五拾仙也替）

支拂

一銀貳千四百弗也　本期支拂高

差引

一ナシ

右報告ス

昭和十一年四月三十日

在上海日本大使館

代理大使　若杉要（若杉）

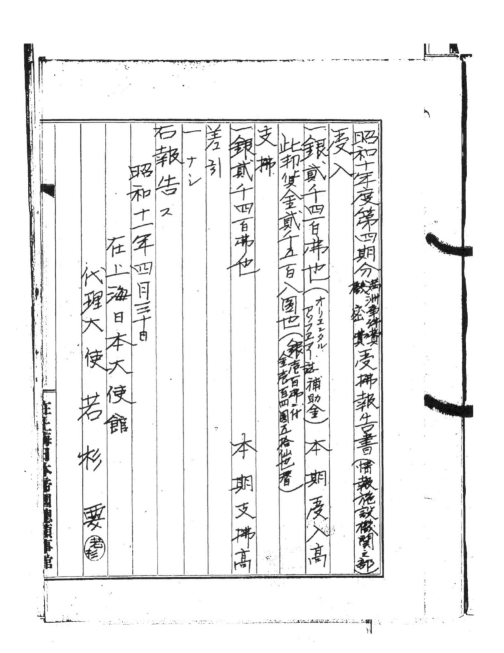

在上海日本帝国総領事館

在上海日本帝國總領事館

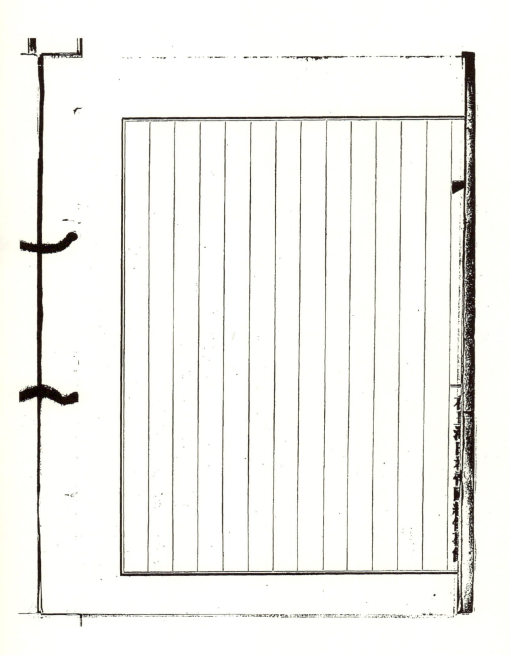

内譯左ノ通リ

支拂月日	摘要	金額	證書番號
一月二十七日	オリエンタルアンドエアー誌　一月分補助金	八〇〇.〇〇	証第一號
二月二十六日	同　二月分仝	八〇〇.〇〇	証第二號
三月二十八日	同　三月分仝	八〇〇.〇〇	証第三號
	合計	二四〇〇.〇〇	

在上海日本帝國總領事館

記號

(分類 01,12,0,1-4)

會計課

機密第四四九號

豫算

昭和十一年七月拾八日

在中華民國（北平）

大使館一等書記官　武藤義雄

昭和十一年八月廿日接受

別紙添附

外務大臣　有田八郎殿

昭和十年度第四期滿洲事件費機密費受拂報告書提出ノ件

本官扱ニ係ル滿洲事件費機密費昭和十年度第四期分受拂報告書並ニ附屬證憑書玆ニ提出スルニ付御査閲相成度此段申進ス

在中華民國日本大使館

満洲事件費機密費　昭和十年度第四期受払報告書

金勘定

前期残（前任者引継高三〇〇円ヲ含ム）　五〇〇、〇〇円

支払　銀トスル為　三〇〇、〇〇

〃　一〇三、四一

物品代　九六、五九

差引皆無　〇、一

銀勘定

前期残　四三六、一〇

金ヨリ三〇〇円払替　@96.7　二九〇、一〇（証第1号）

〃　一〇三、四一　@97.6　一〇〇、九三（証第2号）

支払高　七八一、一五

差引残　四五、九八

在中華民國日本公使館

支拂内譯

金勘定

支拂月日	摘要	金額	証書番号
一、五	旭ビール一箱　信昌洋行	一二円五〇	一
二九	日本酒其他	八四〇九	二
	計	九六五九	

銀勘定

催宴月日又ハ支拂月日	摘要	金額	証書番号
一、七	満洲国外交部次長大橋氏ヲ晩餐ニ招待 主客九名　玉華台	二九弗一〇	三
	支那酒　長生号	四〇〇	四
	手伝人心付	一八〇	五
一四	板垣関東軍参謀副長、河辺、専田両参謀、和知中佐 今井武官等 主客九名　正陽楼	一五一六	六
	〃　玉華台	二三二九	七

在中華民國日本公使館

月日	摘要	支払先	金額（円）	金額（銭）	番号
	支那酒	長生号	四	一	八
	手傳心付		二	六〇	九
一、二〇	宴會用諸洋酒	VIRGONA	一四八	八〇 ✓	一〇
二、八	関東軍囑託青木矢野両氏招待	正陽樓	九	一	一一
一四	リプトン紅茶	三和盛	一	六〇	一二
一七	冀察政務委員會主席宋哲元其他主客四十名晩餐	玉華台	一四三	六〇	一三
	洋酒	VIRGONA	六	一〇	一四
	葉、紙巻煙草	SKIOTIS	二一	一〇	一五
	支那側来賓車夫隨從飯料六十七名		二六	八〇	一六
	手傳人心付		七	五〇	一七
二八	宴會用支那酒	長盛号	九八	一	一八
	文化事業總務委員来栖三郎及同委員其他晩餐 主賓十五名	玉華台	二九	一〇	一九
	支那酒	長生号	四	八〇	二〇

在中華民國日本公使館

二一	二、二八	手傳人心付		二一〇
二二		平野水	前田[illegible]	一五一
二三	三、六	全国聯合小学校教員会長上[illegible]会長木内キヤウ一行及張華社会局秘書同局教育課長[illegible]主事等茶会	正昌	一四九〇
二四		生菓子		六〇
二五		手傳人心付		五九〇
二六	一九	及川第五艦隊司令官一行及支那側要人名[illegible]招宴	[illegible]德福	七六一〇
二七		手傳人心付		五九〇
二八	二八	[illegible]参謀[illegible]会、今井[illegible]陸軍[illegible]武官[illegible]参謀長 海軍特務部第一課長太田氏[illegible]参謀[illegible]十六名	豊澤園	七四六四
二九		手傳人心付		六七〇
三〇		中村招待女代	小紫	二一
		計		七八一一五

在中華民國日本公使館

右之通ニ候也

昭和十一年六月廿七日

在中華民國北平

大使館一等書記官 武藤義雄 [印：武藤]

在中華民國日本公使館

5 6 7 8 9 100 1 2 3 4 5 6

昭和十年度

自　年　月　日

至　年　月　日

満洲事件費関係

雑纂　機密費

在満支各館

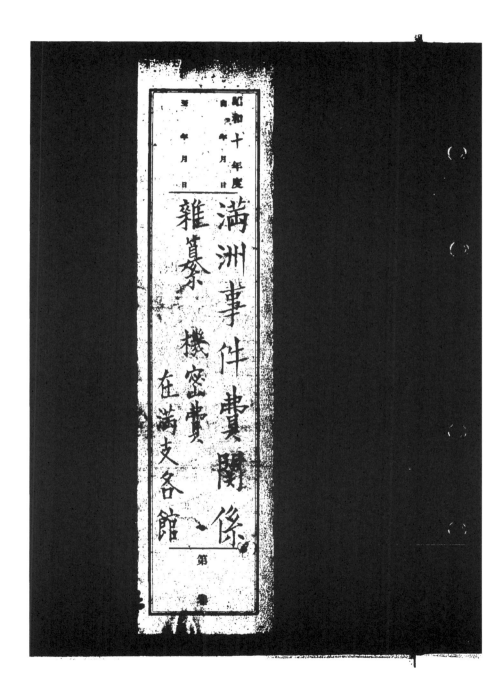

第　巻

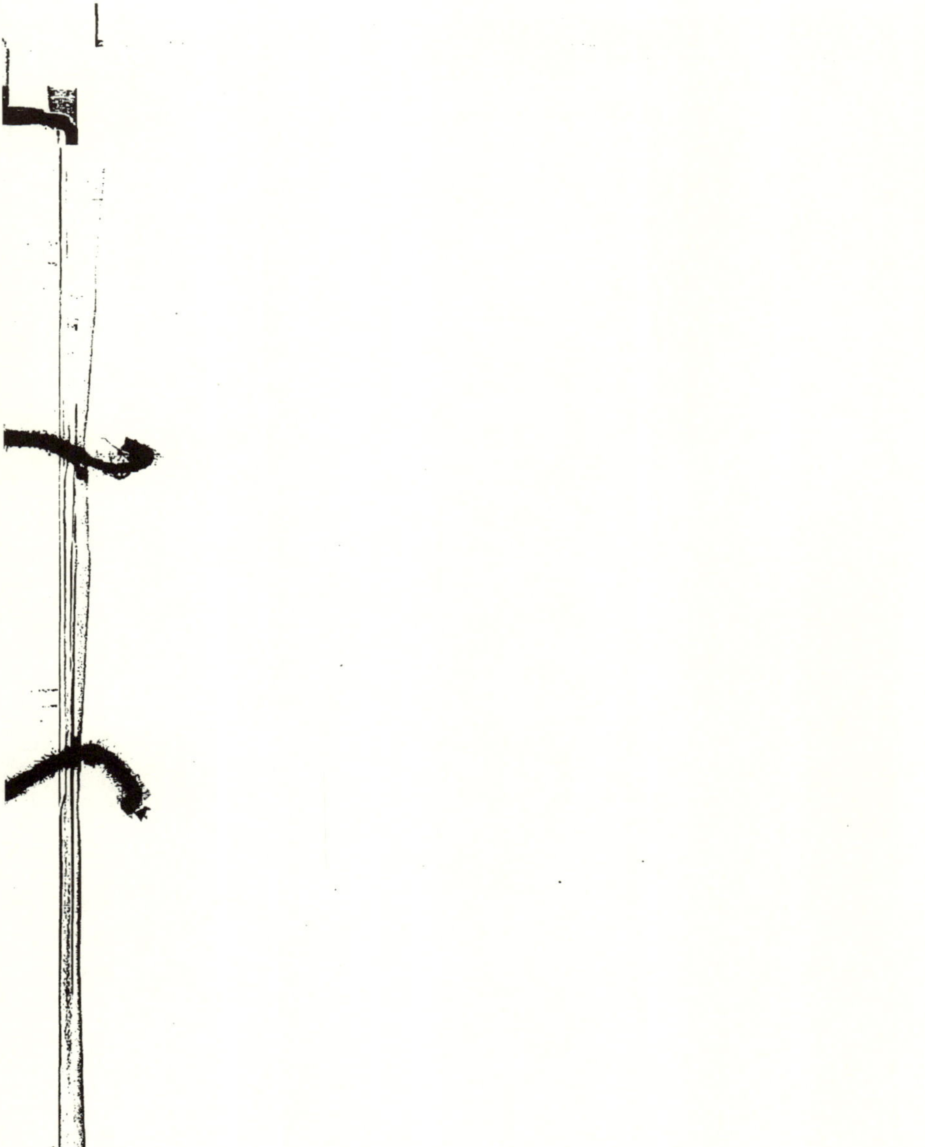

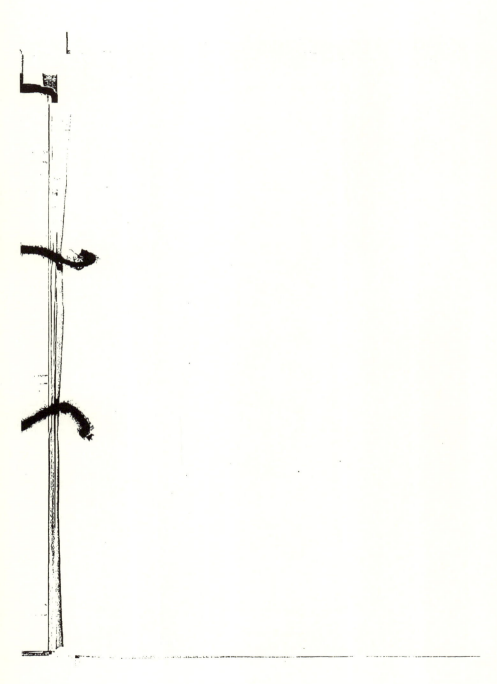

昭和十年度

満洲事件費関係雑纂

機密費

在満支各館

第　巻

目次

（在滿洲、中華民國各館）

(一五) 在間島總領事館
(一六) 在南京總領事館
(一七) 在芝罘領事館
(一八) 在重慶領事館
(一九) 在厦門領事館
(二〇) 在蘇州領事館
(二一) 在杭州領事館
(二二) 在沙市領事館
(二三) 在長沙領事館
(二四) 在汕頭領事館
(二五) 在九江領事館
(二六) 在雲南領事館
(二七) 在宜昌領事館
(二八) 在蕪湖領事館
(二九) 在鄭州領事館
(三〇) 在營口領事館

（三一）在安東領事館
（三九）在綏芬河領事館
（三二）在チチハル領事館
（四〇）在承德領事館
（三三）在滿洲里領事館
（四一）在新民府分館
（三四）在張家口領事館
（四二）在延吉分館
（三五）在赤峰領事館
（四三）在頭道溝分館
（三六）在鄭家屯領事館
（四四）在琿春分館
（三七）在錦州領事館
（四五）在掏鹿分館
（三八）在海拉爾領事館
（四六）在通化分館

二

一、[illegible]

(四七) 在山城鎮分館

(四八)、在百草溝分館

(四九) 在教化分館

(五〇) 在圖們分館

(五一) 在白城子分館

(五二) 在扶餘分館

(五三) 在黒河分館

(五四) 在坊子出張所

(五五) 在博山出張所

(五六) 在張店出張所

(五七) 在山海關出張所

(五八) 在上海商務參事館事務所

十、満、キ

(3) 在上海総領事館

踏舞要訣上巻(2)

編者附箋
本書ハ
昭和十年八月二日附
在上海総領事館来信
機密公第九五六号
ノ附属ナリ

年度第一期分
貿機密費受拂報告書（銀之部）

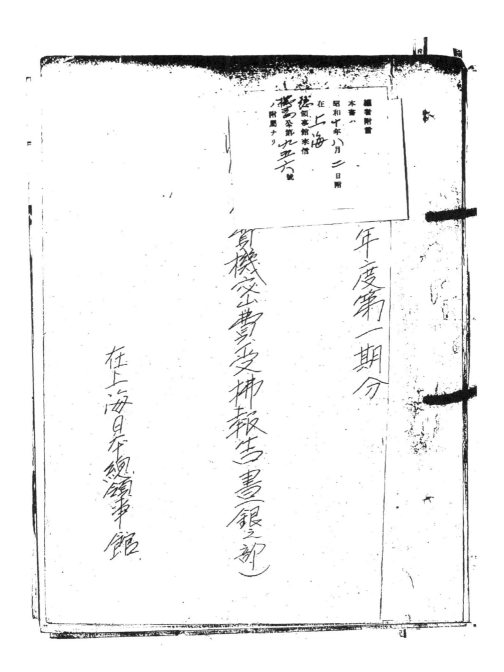

在上海日本総領事館

昭和十年度第一期分

滿洲事件費機密費受拂報告書（銀之部）

在上海日本総領事館

[illegible]

[illegible]

[illegible]

昭和十年度第一期分満洲事件費機密費受払報告書（銀之部）

受入

一、銀壱千九百五拾弐弗拾仙也

内訳

一、銀八百参弗拾六仙也　前期末繰越高

一、銀五百参拾弗九拾七仙也　本期受入高

此邦貨金七百五拾円也（銀壱百弗ニ付金壱百四拾壱円弐拾五銭也替）

一、銀六百拾七弗九拾七仙也　本期受入高
昭和十年八月七日営口ニ於ケル購買ノ分

此邦貨金八百八拾参円六拾九銭也（銀壱百弗ニ付金壱百四拾参円也替）

支出

一、銀壱千参百九拾弗七拾七仙也　本期支払高

差引

一、銀五百六拾壱弗参拾参仙也　本期残高

右報告ス

昭和十年七月二十日

在上海日本總領事館

總領事　石射猪太郎　㊞

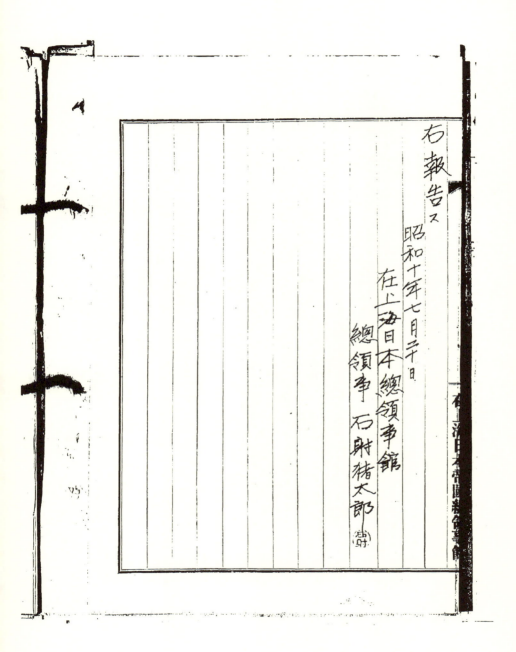

在上海日本總領事館

内譯左之通リ

支拂月日	摘要	金額	證書番號
四月二十日	日本人倶楽部拂 三月廿一日官邸ニテ朝日機歓迎レセプション(ノ)際倶楽部ヨリ借用セル食器具及ボーイ等ノ使用料	二八五〇	証第一號
仝 二十日	三千年拂 四月二十八日官邸ニテ有吉公使及有田武官等送別宴ノ際主人側 ... 料理代	一三三〇〇	証第二號
仝 三十日	石尉猪太郎払 仝 ノ際使用セル諸雑費 右	三三〇〇	証第三號
五月十三日	本村印刷所払 三月二十一日官邸ニテ朝日機歓迎レセプション用招待状 三〇〇枚代	七五〇	証第四號
仝 十三日	富士花苑拂 四月二十八日有吉公使及海軍側招待ノ折室内装飾花代	一〇八〇	証第五號
仝 十四日	桃山ダンスホール明石玉子拂 仝 右 折餘興ノタメ「ダンサー」出張費	六〇〇〇	証第六號
仝 二十三日	石尉猪太郎拂 漢字假標從費 橋三郎ヘ	三〇〇〇〇	証第七號
仝 三十日	同 四、五月分官邸警備ニ部局員接待實費	六〇〇〇	証第八號
六月十一日	同 日支共同委員會等ニ關シ接待報費	一四〇〇〇	証第九號
仝 二十六日	同 昭和九年六月七日官邸ニ於テ「ガーデン・パーティ」諸費 別紙十六葉ノ通 五葉中	六一七九七	証第一〇號

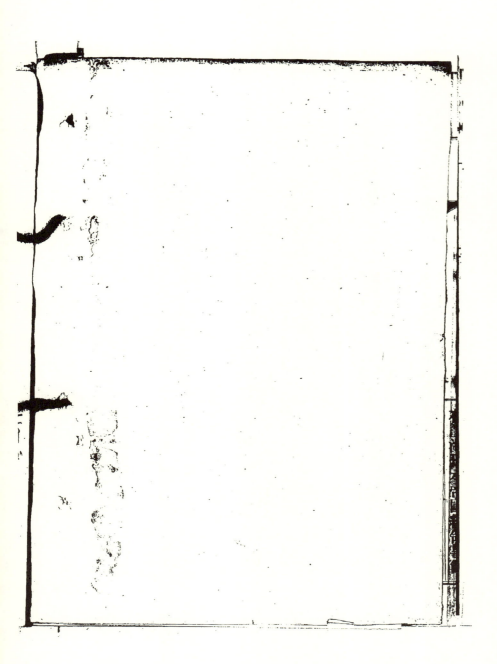

昭和十年度第三期分

満洲事件費機密費受払報告書（銀之部）

在上海日本総領事館

編者附言

本書ハ

昭和十一年三月五日附

在上海

総領事館来信

機密公第二二二号

ノ附属ナリ

原書ハ機密費ニアリ。

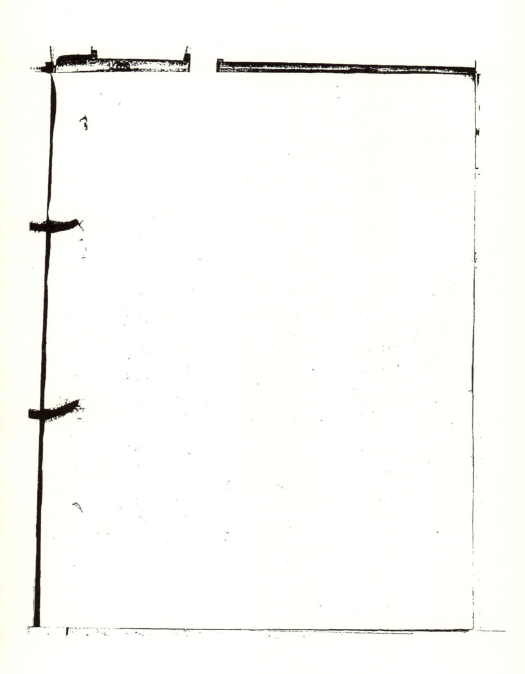

昭和十年度第三期分滿洲事件費機密費受拂報告書（銀之部）

受入

一、銀壹千壹百貳拾八弗貳拾參仙也　前期末繰越高

支出

一、銀壹千九弗四拾仙也　本期支拂高

差引

一、銀壹百拾八弗八拾參仙也　本期殘高

右報告ス

昭和十一年一月二十日

在上海日本總領事館

總領事　石射猪太郎

在上海日本帝國總領事館

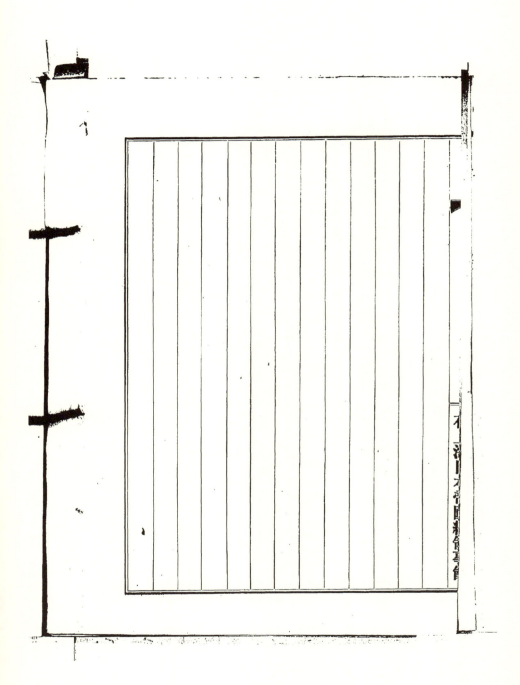

内譯左之通リ

支拂月日	摘要	金額	證書番號
十月三日	石射猪太郎渡 軍事委員會武昌行營職員高若愚操縦及諜報費	五〇〇〇	証第一號
仝 二十九日	ホマレ時計店拂 國際各機競技會ニ贈呈銀製優勝盃代金	七一〇〇	証第二號
十一月七日	古益軒拂 十一月六日官邸ニ於ケル聯合經濟視察團一行日支三十三名招待主人側石射總領事外九名計四十三名出席	一一八四〇	証第三號
仝 八日	石射猪太郎渡 昭和十年九、一〇、一一月分官邸警備工部局警察官接待費	九〇〇〇	証第四號
仝 十三日	同 水兵射殺事件等ニ關シ特別諜報費トシテ支給ノ件	一〇〇〇〇	証第五號
仝 三十日	同 十一月廿一日官邸ニ於ケル聯合視察團一行並支那側官民有力者招待ノ折支那側要人随行者ニ対スル手当	三〇〇〇〇	証第六號
十二月二十四日	同 年末ニ際シ支那側諜報者手当	一〇〇〇〇	証第七號
	合計	一〇〇九四〇	

在上海日本帝國總領事館

上海 総領事
五月十九日附
機密第五七〇号 附属

Z

残
一八五弗

06.2.0.1-1

編者附言
本書ハ
昭和十二年五月十九日附
在上海
総領事館来信
機密公第五七〇号
ノ附属ナリ
原書ハ居留民
機密費ニアリ

昭和十一年度第四期分機密費使用報告書

一、金 百拾八弗八拾参仙也 第三期繰越高

一、金 七百弐拾弐弗八拾九仙也 本期受入高

金 八百三弗四拾三、

七弗七拾弐仙也

弗四拾四仙也 本期支払高

弐拾八仙也 残高

五月十日

在上海日本総領事館

総領事 石射猪太郎

在上海日本総領事館

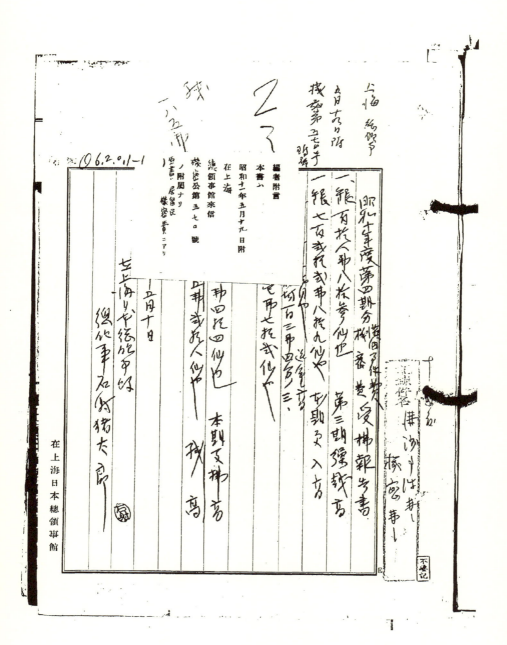

不要記

上海 総領事
五月十六日附
機密第三七七号 附属

昭和十一年度第四期分満洲国人件費按察費受払報告書

一、銀百拾八弗八拾参仙也　第三期繰越高

一、銀七百弐拾弐弗八拾九仙也　本期受入高

　此金七百五拾円也　送金高
　此換算相場百三円四分ノ三、

計銀八百四拾壱弗七拾弐仙也

　　内

銀六百五拾六弗四拾四仙也　本期支払高

差引銀百八拾五弗弐拾八仙也　残高

右ノ通リ候也

昭和十二年五月十日

在上海総領事

総領事 石射猪太郎 (印)

在上海日本総領事館

内訳左之通り

支払月日	摘要	金額
一月八日	石射猪太郎渡　昭和十年十二月四日聯合視察団一行招待諸費	二二.七〇
仝	仝　昭和十年十二月三日日本各地大学校出身支那側教育者等招待諸費	二四.九九
二月二十九日	月迺家払　大阪朝日新聞支局員招待諸費	一二九.二五
仝	トンボ払　二月五日有吉大使等招待ノ際總領事官邸ヘノ出前代	一〇九.五〇
仝	「ブリユー・バード」払　二月五日前有吉大使送別宴ニ「レガツタ」出前料並自動車代	四〇.〇〇
仝	石射猪太郎渡　特別諜報者手当トシテ支給シタル費用	二〇〇.〇〇
三月二十六日	上海雑誌社払　山田氏遺族弔慰金	一〇〇.〇〇
三月三十一日	施秉埜渡　三月分諜報費	三〇.〇〇
	合計	六五六.四四

在上海日本帝国總領事館

石川県下水産組合聯合會

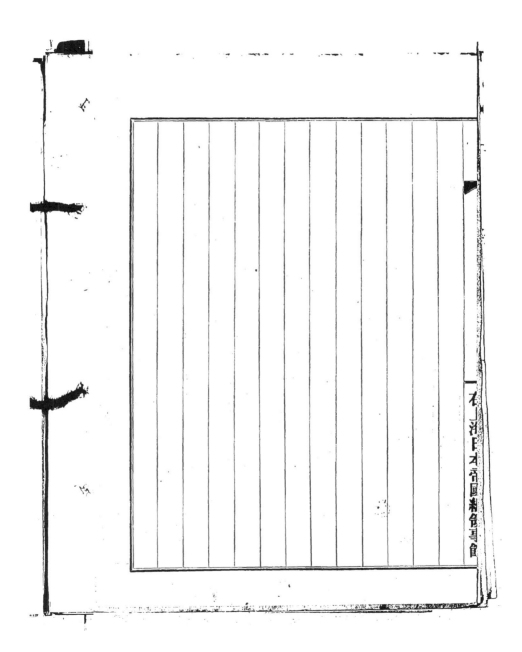

(4) 在天津總領事館

三大[illegible][illegible]醫事誌

編者附言
本書ハ
昭和十年七月十七日附
在天津
總領事館來信
機密公第五五五號
ノ附屬ナリ

滿洲事件費

年度第一期滿洲事件費機密費受拂報告書

銀拾六弗貳拾仙（前年度殘額）

銀七拾弗四拾仙

昭和九年度第三期滿洲事件費機密費受拂報告書中
十一月六日拂證第二號　岡部貴族院議員坂西中將
等招待費用
銀五拾壹弗七仙並證第七號洋酒代銀六拾八弗九拾
仙ノ内拾九弗參拾參仙合計七拾弗四拾仙ハ昭和九
年度追加期對支文化事業費接待費ヲ以テ支出スル
コトニ變更シタルニ依リ同額本費ニ戻入セリ

支出ナシ

差引殘　銀八拾六弗六拾仙也

在天津日本總領事館

三大家絶句詮

昭和十年度第一期滿洲事件費機密費受拂報告書

受　入　銀拾六弗貳拾仙（前年度殘額）

銀七拾弗四拾仙

昭和九年度第三期滿洲事件費機密費受拂報告書中
十一月六日拂證第二號　岡部貴族院議員坂西中將
等招待費用
銀五拾壹弗七仙並證第七號洋酒代銀六拾八弗九拾
仙ノ內拾九弗參拾參仙合計七拾弗四拾仙ハ昭和九
年度追加期對支文化事業費接待費ヲ以テ支出スル
コトニ變更シタルニ依リ同額本費ニ戾入セリ

支　出　ナシ

差引殘　銀八拾六弗六拾仙也

在天津日本總領事館

滿洲事件費

編者附言
本書ハ
昭和十年十月一日附
在天津總領事館来信
機密公第七九〇號
ノ附屬ナリ

（昭）和十年度第二期滿洲事件費機密費
臨時外交施設費機密費受拂報告書

拾六弗六拾仙　滿洲事件費機密費殘
百參拾五弗拾貳仙　臨時外交施設費機密費殘
百九拾貳弗四拾仙
拾九弗參拾貳仙
ノ通リ

支拂月日	摘要	金額	證憑書番號
七月八日	六月十三日上海駐在外國通信員レースクラブへ招待　六人	二七弗一〇	證第一號
八月三十日	支那側内面工作費トシテ橘三郎ヘ交付	三〇〇〇〇	證第二號
九月廿七日	八月二十一日橘三郎及若杉參事官等敷島ヘ招待　五人	六五三〇	證第三號
	計	三九二四〇	

在天津日本總領事館

（分類 A.6.2.0.1-1-4）

(分類 16.2.0.1-1-4)

昭和十年度第二期滿洲事件費機密費
並臨時外交施設費機密費受拂報告書

受入　銀八拾六弗六拾仙　滿洲事件費機密費殘
　　　銀參百參拾五弗拾貳仙　臨時外交施設費機密費殘
支出　銀參百九拾貳弗四拾仙
殘　　銀貳拾九弗參拾貳仙

支出ノ內譯左ノ通リ

支拂月日	摘要	金額	證憑書番號
七月八日	六月十三日上海駐在外國通信員レースクラブへ招待　六人	二七一〇弗	證第一號
八月三十日	支那側內面工作費トシテ橘三郎へ交付	三〇〇〇〇	證第二號
九月廿七日	八月二十一日橘三郎及若杉參事官等敷島へ招待　五人	六五三〇	證第三號
計		三九二四〇	

在天津日本總領事館

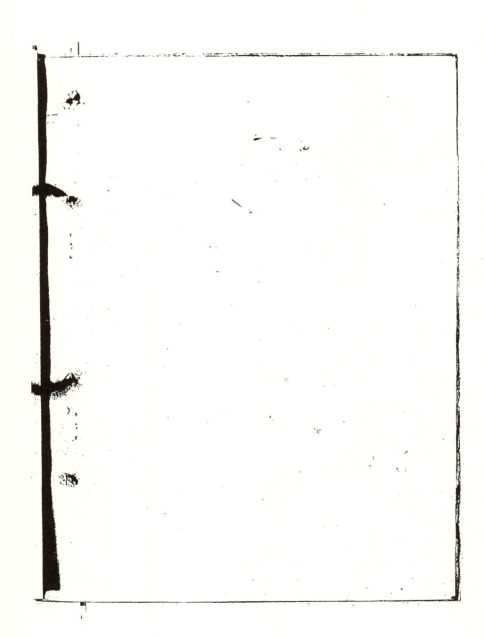

(6)

在漢口總領事館

小出粲口授從華論

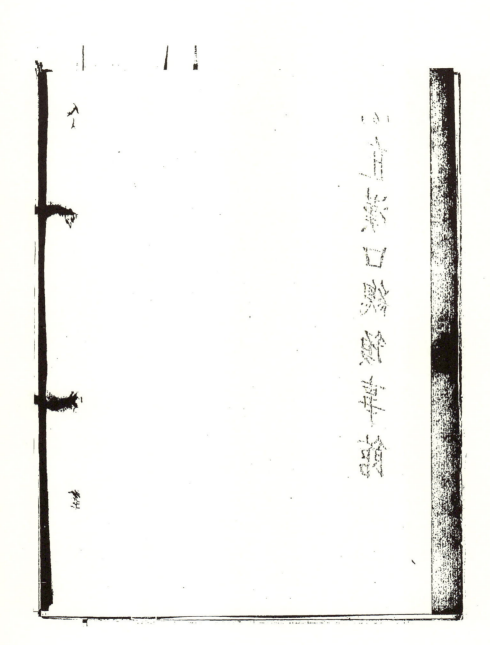

（分類 06.12.0.1-1-4）

編者附書
本書ハ
昭和十年七月八日附
在漢口総領事館来信
機密第四八七號
ノ附属ナリ

昭和十年度第一期分満洲事件償標審償受挪報告書

前年度越高

銀四百弗也

十二

銀四百弗也

在漢口日本總領事館

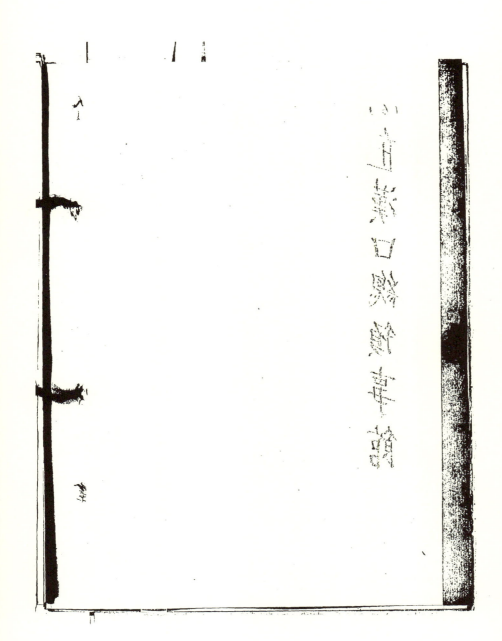

(分類 06.20.11-4)

記録件名 満洲事件[illegible]

昭和十年度第一期分満洲事件費特務費受払報告書

受入 銀 四百弗也 前年度越高

支払 ナシ

残高 銀 四百弗也

在漢口日本總領事館

(分類 0 6.12.0.1-1-4

編者附書
本書ハ
昭和十二年一月十三日附
在漢口總領事館來信
機密第三八號
ノ附屬ナリ

反滿洲事件償款賠償支拂報告書

前期繰越高
四百弗也

四百弗也

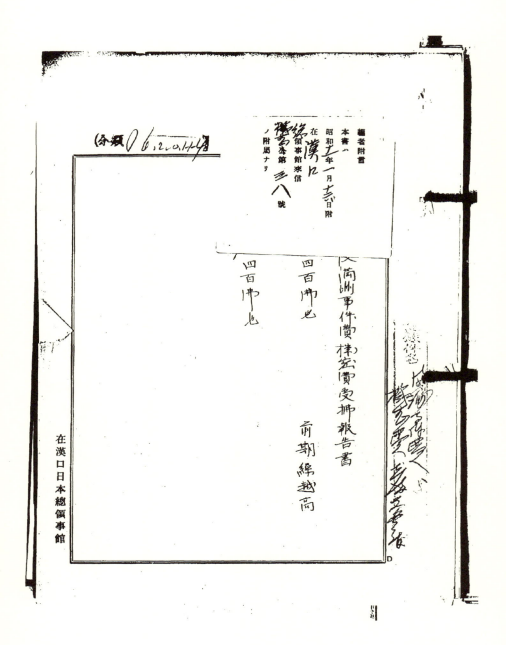

在漢口日本總領事館

分類 0 6.1.2.0.1-1-4号

昭和十年度満洲事件償恤金償受払報告書

前期繰越高

受入　銀四百弗也

支払　ナシ

残高　銀四百弗也

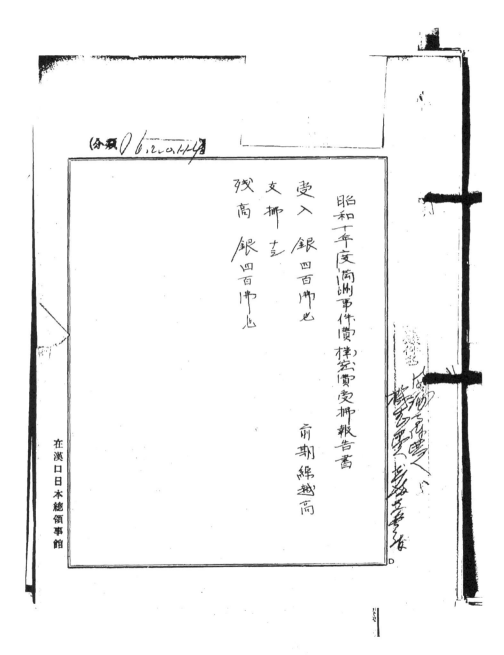

在漢口日本総領事館

(11)

在新京總領事館

[illegible]

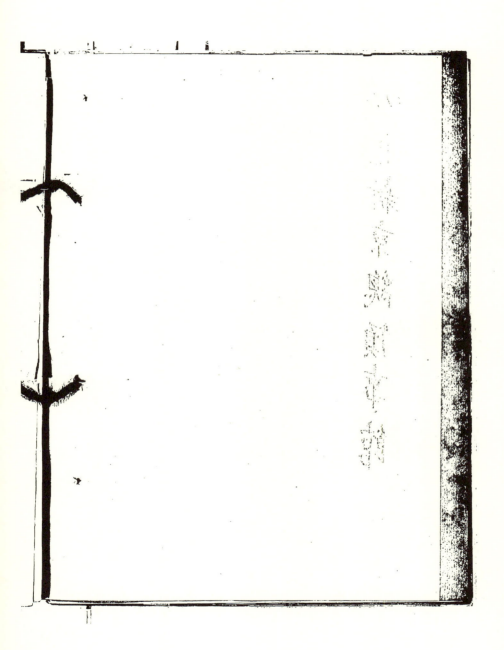

編者附言
本書ハ
昭和十年八月十六日附
在新京
總領事館来信
機密公第二五六號
ノ附属ナリ
原書ハ宴會費ニアリ

滿洲事件費滿洲事件費機密費受拂報告書

參百拾貳圓七拾六錢也

前年度越高　金拾貳圓七拾六錢也

本期受高　金參百圓也

貳百貳拾八圓也

八拾四圓七拾六錢也

譯左ノ通リ

日	摘要	支出額	備考
一日	招魂祭供物料 關東軍司令部有村嘉穂	一一〇〇〇	證第壹號
五月廿四日	陸軍記念日祭典供物料　地方事務所	一五〇〇	證第貳號
六月廿四日	武藏山一行相撲協會ニ寄附	二〇〇〇	證第參號
六月廿四日	海軍記念日供物代　地方事務所	一五〇〇	證第四號

在新京日本總領事館

滿洲事件機密費

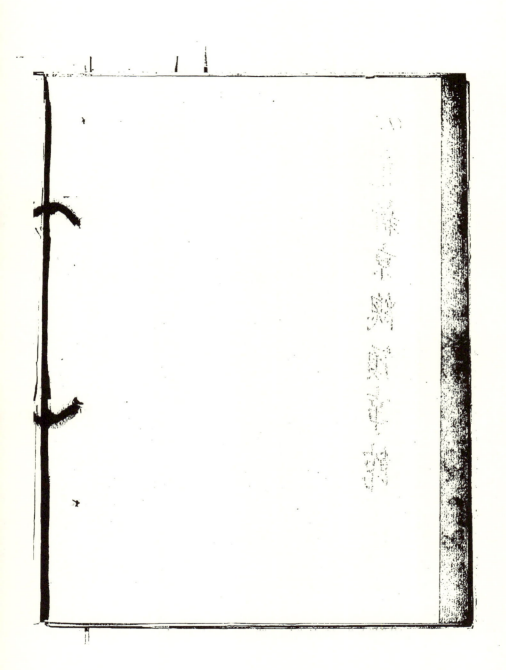

滿洲事件費滿洲事件費機密費受拂報告書

収入　金參百拾貳圓七拾六錢也

　前年度越高　金拾貳圓七拾六錢也

　本期受高　金參百圓也

支出　金貳百貳拾八圓也

差引　金八拾四圓七拾六錢也

支出ノ内譯左ノ通リ

支拂月日	摘要	支出額	備考
五月廿四日	招魂祭供物料　關東軍司令部有村嘉穗	一一〇〇〇	證第壹號
五月廿四日	陸軍記念日祭典供物料　地方事務所	一五〇〇	證第貳號
六月廿四日	武藏山一行相撲協會ニ寄附	二〇〇〇	證第參號
六月廿四日	海軍記念日供物代　地方事務所	一五〇〇	證第四號

在新京日本總領事館

六月廿四日	計
品川前居留民會長外九名招待 扇芳亭	
六八〇〇	二二八〇〇
證第五號	

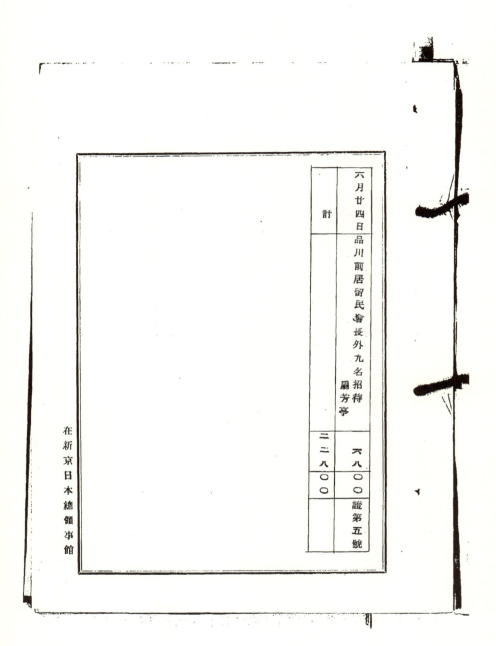

在新京日本總領事館

編者附言
本書ハ
昭和十年十二月七日附
在新京
總領事館來信
機密公第四七二號
ノ附屬ナリ
原書ハ宴會費ニアル。

昭和十年度第二期分滿洲事件費機密費受拂報告書

金六百八拾四圓七拾六錢也
前期越高　金八拾四圓七拾六錢也
本期受高　金六百圓也
金貳百拾四圓四拾錢也
金四百七拾圓參拾六錢也

譯左ノ通

日	摘要	支出額	備考
日	金前新京市長送別會費於扇芳亭 地方事務所	二二〇〇	證第壹號
〃	楠公六百年祭供酒代	一〇二〇	證第貳號
九月四日	軍關係轉勤者送別會費 地方事務所	一二〇〇	證第參號
九月六日	殉難烈士忠魂碑除幕式花環代	一〇〇〇	證第四號
九月二十日	南嶺戰死者記念碑除幕式並慰靈祭供料	三〇〇〇	證第五號

在新京日本總領事館

滿洲事件費
機密費

不燒記

分類(96.2.0.1-1)

昭和十年度第二期分滿洲事件費機密費受拂報告書

收入　金六百八拾四圓七拾六錢也

前期越高　金八拾四圓七拾六錢也

本期受高　金六百圓也

支出　金貳百拾四圓四拾錢也

差引　金四百七拾圓參拾六錢也

支出ノ内譯左ノ通

支拂月日	摘要	支出額	備考
七月廿二日	金前新京市長送別會費於扇芳亭 地方事務所	二二〇〇	證第壹號
〃	楠公六百年祭供酒代	一〇二〇	證第貳號
九月四日	軍關係轉勤者送別會費 地方事務所	一二〇〇	證第參號
九月六日	殉難烈士忠魂碑除幕式花環代	一〇〇〇	證第四號
九月二十日	南嶺戰死者記念碑除幕式並慰靈祭供料	三〇〇〇	證第五號

在新京日本總領事館

十年度 滿洲事件費 機密費

不要記

九月二十日	寛城子戰死者慰靈祭供料	一〇〇〇	證第六號
九月廿一日	萬寶山學校開校式寄附金	三〇〇〇	證第七號
九月廿七日	農安新舊警察署長歡送別宴會	九〇二〇	證第八號
	計	二一四四〇	

在新京日本總領事館

十年度 満洲事件費 機密費

不要記

昭和十年度第三期分満洲事件費機密費受拂報告書

四百七拾圓參拾六錢也

前期繰越高　金四百七拾圓參拾六錢也

本期受高　ナシ

四百七拾圓參拾六錢也

シ

ノ通

編者附書
本書ハ
昭和十一年一月二十五日附
在新京
總領事館來信
機密公第四二號
ノ附屬ナリ

要書ハ宴會費ニアリ

3106.2.0.1-1

日附	摘要	受取人	支出額	備考
十月二日	九月十五日新京神社大祭御酒料	丸平洋行	七一九〇	證第壹號
〃	同　菓子料	長春堂	一〇〇〇〇	證第貳號
〃	沼田辯護士靈前御榊料	山本久一郎	一〇〇〇〇	證第參號
〃	八月二十四日在郷軍人會長他招宴	開化	九九二五	證第四號

在新京日本總領事館

No. 316.20.1-1

十年分滿洲事件費 機密費

昭和十年度第三期分滿洲事件費機密費
受拂報告書

收入 金四百七拾圓參拾六錢也

前期繰越高 金四百七拾圓參拾六錢也

本期受高 ナシ

支出 金四百七拾圓參拾六錢也

差引 ナシ

支出内譯左ノ通

支拂月日	摘要	受取人	支出額	備考
十月二日	九月十五日新京神社大祭御酒料	丸平洋行	七一九〇	證第壹號
〃	同 菓子料	長春堂	一〇〇〇〇	證第貳號
〃	沼田辯護士靈前榊料	山本久一郎	一〇〇〇〇	證第參號
〃	八月二十四日在郷軍人會長他招宴	開花	九九二五	證第四號

在新京日本總領事館

十月二日	八月廿九日關東局警務部鹽澤中佐他招宴	開花	九一	五〇	證第五號
十一月十一日	九月十八日滿洲事變秋季恒例慰靈祭御供料	畑竹次郎	二〇	〇〇	證第六號
十一月十一日	九月十六日飛行士愼鏞瑣へ贈花環	〃	一〇	〇〇	證第七號
十二月六日	中里法院長歡迎會	新京	一一五	一〇	證第八號
十二月三十日	平島協和會次長鈴木中銀總經理他招宴	八千代	（總費二三四圓三六ノ一部支出）四一	三六	在外國居留民臨時保護取締費事務費機密費附屬證憑書第八號
〃	新京警備司令官更迭ニ際シ地方官民招宴	曙	（總費二二〇圓七五ノ一部支出）一	二五	在外公館宴會費報告附屬證憑書第五號
計			四七〇	三六	

在新京日本總領事館

(12)

在ハルピン総領事館

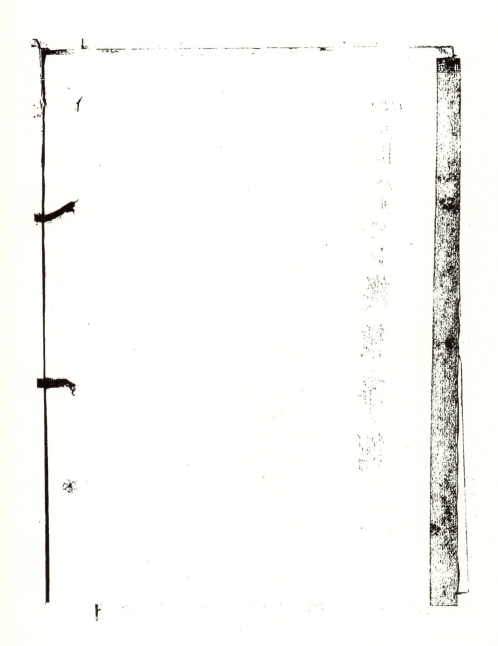

哈爾濱
日本總領事館

編者附言
本書ハ
昭和十年八月二十三日附
在哈爾賓總領事館來信
機密第五二二號
ノ附屬ナリ

…分壹期分滿洲事件費機密費受拂報告書

越高　金八拾壹圓五拾壹錢也

受高　無

　　金五拾四圓也

　　金弐拾七圓五拾壹錢也

支出ノ内譯左ノ通リ

支拂月日	摘要	支出額	備考
六、二五	武部司政部長外要人招待於官邸	五四〇〇	證第一號
計		五四〇〇	

在哈爾賓日本帝國總領事官

0629 1-1-4

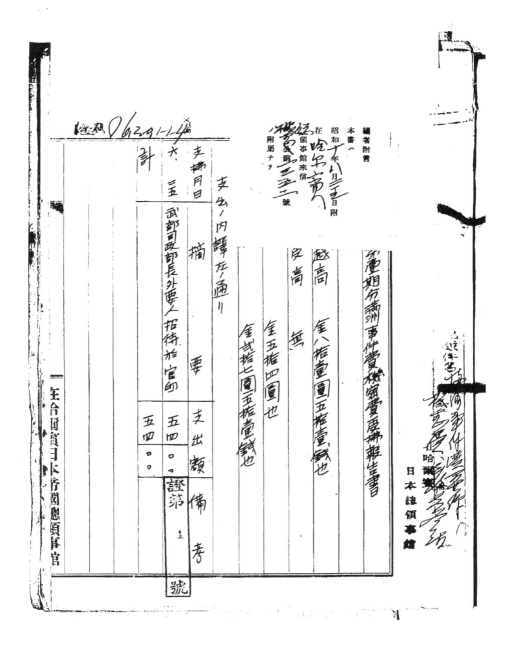

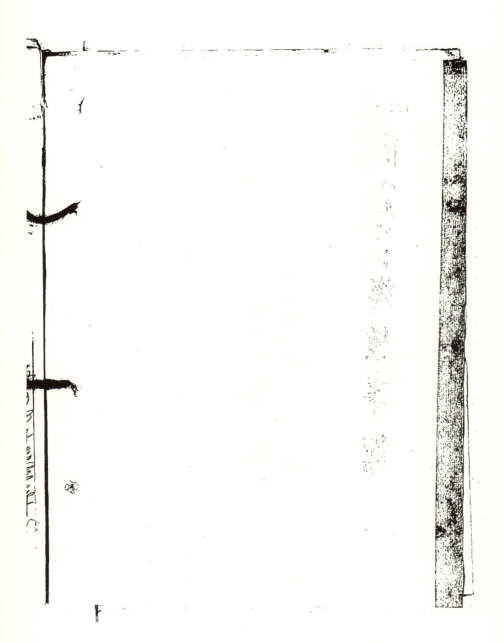

0629-1-14

昭和拾年度第壹期分満洲事件費機密費使拂報告書

収入

前年度越高　金八拾壹圓五拾壹銭也

本期受高　無

支出　金五拾四圓也

差引残高　金弐拾七圓五拾壹銭也

支出ノ内譯左ノ通リ

支拂月日	摘要	支出額	備考
六、二五	武部司政部長外要人招待於官邸	五四〇〇	證第一號
計		五四〇〇	

[illegible]

哈爾濱
日本總領事館

満洲事件費機密費 日本帝國總領事館

編者附言
本書ハ
昭和七年七月二日附
在哈爾賓
総領事館來信
機密公第七一二號
ノ附属ナリ

度第四期分満洲事件費機密費受払報告書

繰越高　金貳拾七円五拾壱銭也

金貳拾参円六拾八銭也

残高　金参円八拾参銭

譯左ノ通リ

支拂月日	摘要	支出額	備考
六　二〇	朝鮮總督府外事課員三名外招待於モデルン	二三　六八	證第1號
計		二三　六八	

（分類 A.6.2.0.1-2-4）

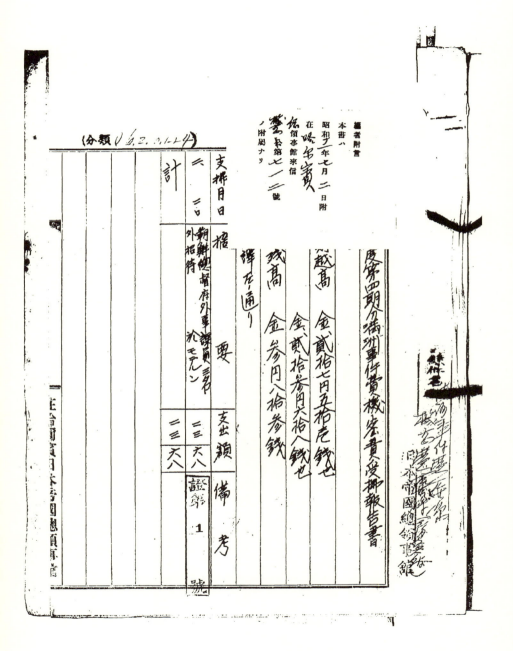

在哈爾賓日本帝國總領事館

(分類 A.6.2.0.1-2-4)

日本帝國總領事館

昭和拾年度第四期分満洲事件費機密費受払報告書

收

前期越高　金貳拾七円五拾壱銭也

支出　金貳拾参円六拾八銭也

差引残高　金参円八拾参銭

支出内譯左ノ通リ

支払月日	摘要	支出額		備考
六　二〇	朝鮮總督府外事課員三名外招待 於モデルン	二三	六八	證憑第1號
計		二三	六八	

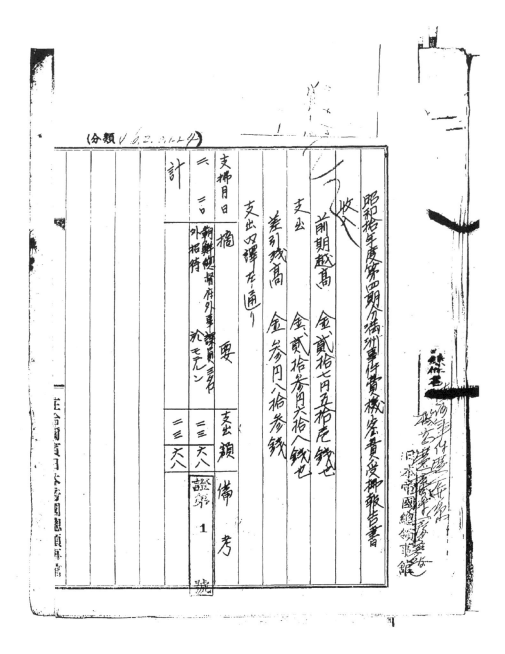

(14)

在吉林總領事館

(卅) 續吉林縣鄉土誌

編者附言
本書ハ昭和十年十月廿八日附在吉林総領事館来信機密公第三九二号ノ附属ナリ
原書ハ[illegible]

（分類 06.2.0.1-1 ）

〔満〕洲事件費機密費第弐期分受払報告書

在吉林日本総領事館

除費
金壹陌圓也（第参期分）　本期受入高
金壹陌参拾七圓弐拾八銭也　前期越高
計金弐百参拾七圓弐拾八銭也
金九拾参圓拾六銭也　本期支払高
金壹百四拾四圓拾弐銭也　後期ヘ繰越

差引

支出ノ内訳左ノ通

支払月日	摘要	金額
七　二六	招待（岩崎領事紹介ノ為憲兵隊長外招待）	六八円　一六
九　一〇	仝（陶村懸呼熱行官一行招待割前）	二五　〇〇
計		九三　一六

十五
満洲事件費
機密費

不要記

（廿）坿吉林縣鄉土志

十二月

満洲事件費
機密費

不要記

(分類 C 6,2,0,1-1)

(二)、満洲事件費機密費第弐期分受払報告書

在吉林日本総領事館

(交際費)

収入　金壹陌圓也(第参期分)　本期受入高

金壹陌参拾七圓弐拾八銭也　前期越高

計金弐百参拾七圓弐拾八銭也

支出　金九拾参圓拾六銭也　本期支払高

差引　金壹百四拾四圓拾弐銭也　後期ヘ繰越

支出ノ内譯左ノ通

支払月日	摘要	金額
七 二六、	招待(岩崎領事紹介ノ為憲兵隊長外招待)	六八 一六
九 一〇	仝(陶村照)呼執行官一行招待劉前	二五 〇〇
計		九三 一六

(三)満洲事件費機密費第弐期分受払報告書

在吉林日本総領事館

(普通機密費)

収入 金六百円也 本期受入高

金壱百弐拾六圓六拾八銭也 前期越高

計金七百弐拾六圓六拾八銭也

支出 金五百七拾参圓弐拾九銭也 本期支払高

差引金壱百五拾参圓参拾九銭也 後期ヘ繰越

支出ノ内訳左ノ通

支拂月日		摘要	金額	備考
九	二	招宴(坂口第九大隊長歓迎ノ為)	二〇円三六	
〃	四	寄付(島川領事表徳記念碑建立ニ付)	五〇〇〇〇	

在吉林日本帝國總領事館

九一〇	送別宴（第二軍管区、林田顧問甲ノ小佐離任ニ付）	五二九二
	許	五七三二九

(四)、外務本省　機密費　第貳期分

受拂　十二

（第壹期末不足金八圓七拾參銭ハ後期ヘ繰越ス）

十一年二月

満洲事件費機密費

不登記

三、満洲事件費機密費（普通機密費）受払報告書

期分　在吉林日本總領事館

壹百円也（第四期分）　本期受入高

壹百五拾参円参拾九銭也　前期越高

計金貳百五拾参円参拾九銭也

壹百四拾八円貳拾九銭也　本期支拂高

壹百五円拾銭也　次期ヘ繰越

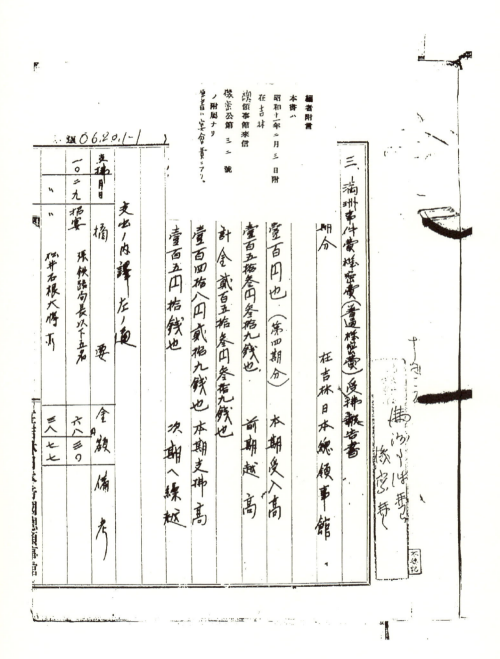

編者附言
本書ハ
昭和十一年二月三日附
在吉林
總領事館来信
機密公第三二號
ノ附属ナリ
原書ニハ宴會費ニアリ。

支出ノ内譯左ノ通

支拂月日	摘要	金額	備考
一〇 二九	招宴　張鉄路局長以下五名	六八 三〇	
〃 〃	松井石根大将ニ	三八 七七	

06.2.0.1-1

三、満洲事件費機密費（普通機密費）受払報告書

第参期分

在吉林日本総領事館

収入　金壹百円也（第四期分）　本期受入高

金壹百五拾参円参拾九銭也　前期越高

計金貳百五拾参円参拾九銭也

支出　金壹百四拾八円貳拾九銭也　本期支払高

差引　金壹百五円拾銭也　次期へ繰越

支出ノ内譯左ノ通

支払月日	摘要	金額	備考
一〇、二九	招宴　張鉄路局長以下五名	六八、三〇	
〃	〃　松井石根大将 外	二八、七七	

在吉林日本帝国総領事館

二二七	
〃	
野除満洲工業会常任幹事	計
四一二二	一四八四二九

在吉林日本帝國總領事館

四、満洲事件費機密費（交際費）第参期分受払報告書

在吉林日本総領事館

収入　金壹百円也（第四期分）　本期受入高

金壹百四拾四円拾貳銭也　前期越高

金貳百四拾四円拾貳銭也

支出　金壹百七拾八円拾九銭也　本期支払高

差引　金六拾五円九拾参銭也　次期ヘ繰越

支出ノ内訳左ノ通リ

支払月日	摘要	金額（円）	備考
一〇 二二	接待用クレーブン九缶代	一二 七〇	
二九	招待　ジョンストン氏外日満官憲	七九 三三	

二	二六	接待用クレーブン五十本入缶代	一二七〇
	〃	祝儀　商埠[illegible]役員	六〇九六
三	三〇	接待用クレーブン十缶代	一二五〇
		計	一七八一九

在吉林日本帝國總領事館

吉林

四月三日

機密第四六号

編者附言
本書ハ昭和十一年四月二十三日附在吉林總領事館來信機密公第一四六號ノ附屬ナリ
原書ニハ「宴會費」ト朱書アリ

昭和十年度第四期分

滿洲事件費機密費（普通機密費）受拂報告書

本期受入高　ナシ

前期越高　金壹百五円拾銭也

計　金壹百五円拾銭也

本期支拂高　金壹百五円拾銭也

ナシ

支出ノ内譯左ノ通

支拂月日	摘要	金額	備考
一二〇	省長及廳長招待	五一九〇	
一二九	接待用飲料	四七〇〇	

十手二

滿洲事件費　機密費

吉林
四月三日
機密第四五六号
附属

(B.06,2,0,1-1)

昭和十年度第四期分
満州事件費機密費（普通機密費）受払報告書

受入　ナシ　本期受入高
金壹百五円拾銭也　前期越高
計金壹百五円拾銭也
支払　金壹百五円拾銭也　本期支払高
差引　ナシ

支出ノ内譯左ノ通

支払月日	摘要	金額	備考
一二〇	省長及廳長招待	五一 九〇	
一二九	接待用飲料	四七 〇〇	

十年…
機密費
機密費

不要記

		円	銭
二二	接待用タバコ	一二	五〇
	計	一一一	四〇
	館長支弁額	六	三〇
	差引計	一〇五	一〇

在吉林日本帝國總領事館警察署

昭和十年度第四期分

満洲事件費機密費（交際費）受払報告書

受入　十シ　本期受入高

金六拾五円九拾参銭也　前期越高

計金六拾五円九拾参銭也

支払　金六拾五円九拾参銭也　本期支払高

差引　十シ

支出ノ内訳左ノ通

支払月日	摘要	金額	備考
二二五	接待用タバコ	二五〇〇	
二九	延吉憲兵隊長都間中佐一行招待	五五〇二	

計	八〇〇二
館長支弁	一四〇九
差引計	六五九三

在吉林日本帝国総領事館警察署

(15)

在間島總領事館

編者附箋
本書ハ
昭和十年八月五日附
在間島
総領事館来信
機密第七六六號
ハ附屬ナリ

[illegible]

度第一期分

件費、機密費）

密金受拂報告書

明細書及附属証憑書

証書紙数八枚

在間嶋日本帝國總領事館

（分類 06.12.0.1-1-4）

在間島日本總領事館

支出額	備考

[illegible]

（分類 06.12.10.1-1-4）

昭和十年度第一期分
館長機密金受拂報告書
（満洲事件費機密費）
支拂明細書及附属証憑書
証書紙数八枚

在間嶋日本帝國總領事館

在間島日本總領事館

支出額　備考

昭和十年度館長機密費（満洲事件費機密費）第一期分受拂報告書

一金四百圓也　本期受入額

内　譯

金貳百圓也　第一期分トシテ本省ヨリ受入

金貳百圓也　第二期分トシテ本省ヨリ受領

一金貳百貳拾九圓拾錢也

差引

一金壹百七拾圓九拾錢也　翌期ヘ越高

支拂内譯

支拂月日	金額	摘要	備考
四月十日	四四〇五	滿洲國側要人招宴	證第一號

在間島日本總領事館

支出額　備考

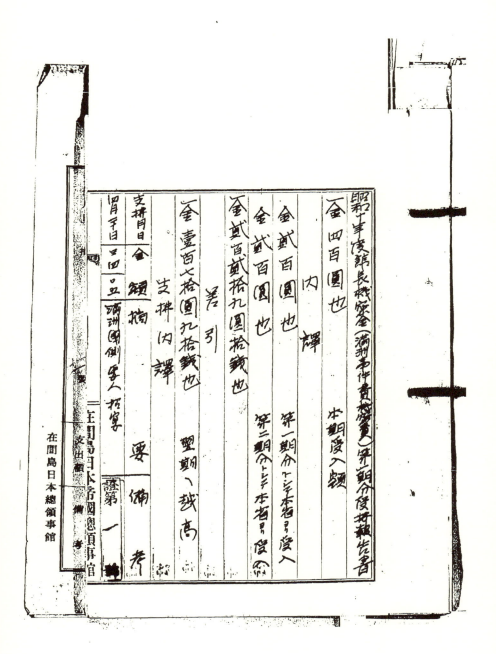

在間島日本總領事館

五月一日	四一 五五	増永法務局長招宴	証第二号
〃十二日	三〇 〇〇	近衛[illegible]神助[illegible]義救ノ	証第三号
〃二十七日	四八 〇〇	[illegible]佐柳子爵等招宴	証第四号
六月二十日	三三 五〇	朝鮮総督府事務官招待	証第五号
〃	八 〇〇	増永法務局長招宴ノ際ノ芸妓花代	証第六号
〃二十六日	一〇 〇〇	日本国防新聞社補助	証第七号
〃三十日	二四 〇〇	安井専売局長招宴	証第八号
合計	二七九 二〇		

右之通リ相違無之候也

昭和十年七月十五日

在間島総領事館

総領事 永井清 (印)

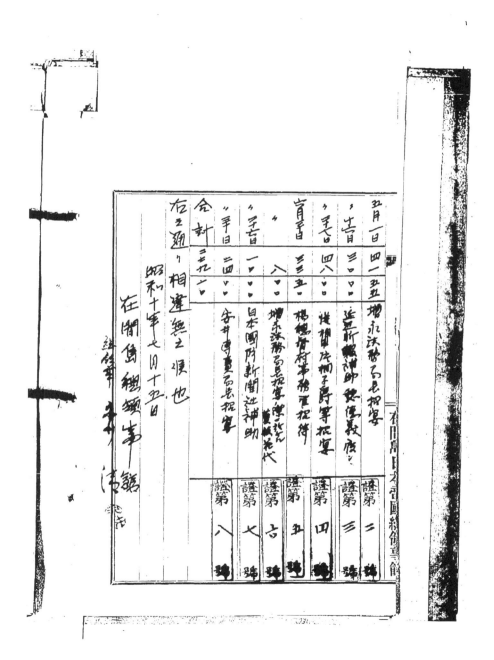

催宴明細書（館長機密費）満洲事件費機密費

催宴月日	宴會場	招待人	金額	
四月五日	登喜和	[illegible]局長[illegible]秘書[illegible]木村滿鐵總局長（主人側四人）	二四〇	五
五月五日	龍泉居	[illegible]秘書長松下[illegible]地方法院長[illegible]中山[illegible]書記（主人側四人）	四一八	四五
〃 十二日	[illegible]郎	[illegible]田中[illegible]滿洲[illegible]小村[illegible]（主人側[illegible]名）	四四八	[illegible]
五月五日	曙	楊朝鮮[illegible]（主人側五名）	三三	五
七月十日	[illegible]郎	金井[illegible]（主人側五名）		
合計			一八九	[illegible]

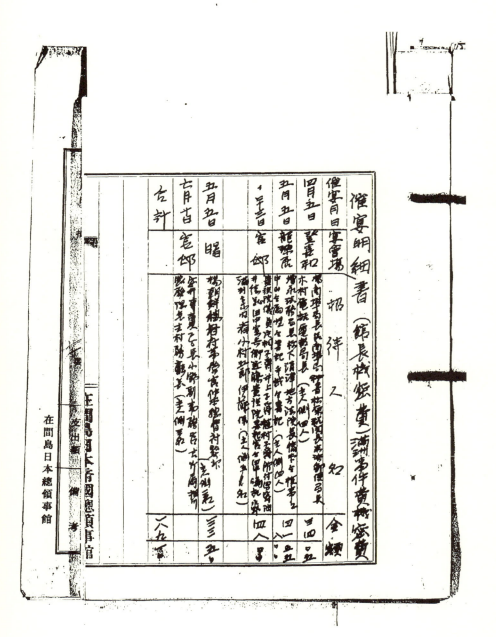

在間島日本總領事館

昭和十年度第一期分満洲事件費機密金使拂報告

一金五百圓也　本期本省ヨリ受入高

一金貳百九拾九圓六拾銭也　本期支拂高

差引

一金貳百圓四拾銭也

支拂内譯

支拂月日	金額	摘要	備考
五月三日	三二、四〇	朱佐警務部長巡視ニ際シ謀運ニ寄ノ際招宴（主上側ニ名）	證第一號
〃	八一、九〇	大橋外交次長ニ行招宴	證第二號
〃	三六、二〇	陸軍大学教官井上中佐等招宴	證第三號
〃	一三、五〇	政加藤部長外二名ニ係ヘル手續代	證第四號

在間島日本總領事館

在間島日本総領事館

〃	一五、〇〇	甲斐陸軍主計総監等招宴	證第五號
〃 二十一日	三〇、〇〇	神永開拓団長外六名招宴	證第六號
六月十三日	一二、〇〇	故中川偕長霊前ニ供スル香典代	證第七號
〃	五、六〇	故土肥班長霊前ニ供スル供物代	證第八號
〃 二十四日	七〇、〇〇	永野中佐（憲兵隊司令官）等招宴	證第九號
〃 二十七日	三、〇〇	故生野特務曹長外四名ニ対スル香典代	證第一〇號
合計	一九九、六〇		

右ノ通リ相違無之候也

昭和十年七月十五日

在間島総領事館

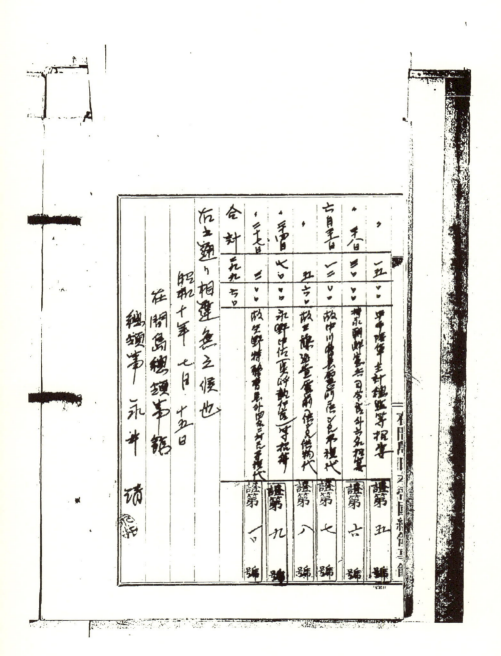

総領事　永井清

催宴明細書（満洲事件費機密費）

催宴月日	宴会場	招待人名	金額
四月八日	曙	大橋次長吉澤参事官田中中佐花輪書記官粕谷領事（主人側五人）	八一 九〇
五月廿日	〃	陸軍大学教官井上中佐延吉特務機関長植野大尉（主人側二名）	三六 二〇
〃 十七日	宮部	第十師団陸軍主計総監秋澤（一等主計正関二等主計[illegible]）（主人側二名）	一五 〇〇
二十五日	〃	朝鮮憲兵司令官持永少将中井在郷軍人会長下條憲兵長加藤憲兵隊長（主人側二名）	三〇 〇〇
六月十四日	登喜和	和知中佐（実行顧問官）加藤憲兵隊長下條[illegible]長中井在郷軍人会長（主人側六名）	七〇 〇〇
三月三十日	曙	岩佐警務部長（主人側二名）	三二 四〇
合計			二六五 五〇

要

支出額

備考

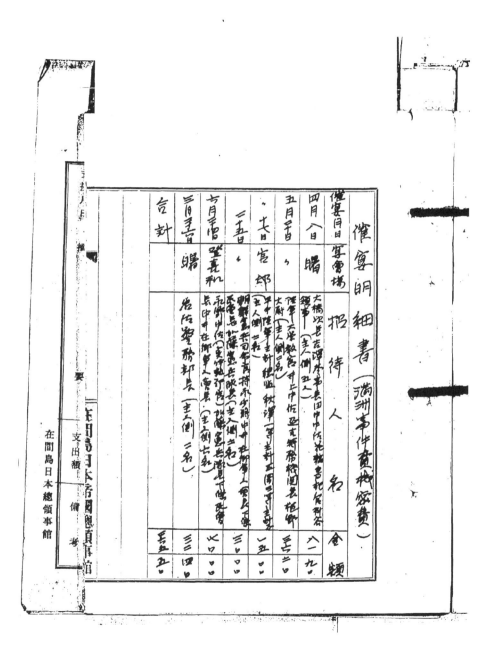

在間島日本総領事館

編者附書
本書ハ
昭和十年一月六日附
在満帝国大使館来信
機密第二號ノ附屬ナリ

在滿大使館經由

昭和拾年度第貳期分館長機密費受拂報告書

費（款）滿洲事件費（項）機密費（目）

圓九拾錢也

内譯

金壹百七拾圓九拾錢也　前期ヨリ繰越高

金貳百圓也　第參期分受入高

金壹百四拾圓也　本期支拂高

金貳百參拾圓九拾錢也　差引殘高

支出ノ内譯左ノ通リ

支拂月日	摘要	支出額	備考

在間島日本總領事館

昭和拾年度第貳期分館長機密費受拂報告書

滿洲事件費（款）滿洲事件費（項）機密費（目）

金參百七拾圓九拾錢也

內譯

金壹百七拾圓九拾錢也　前期ヨリ繰越高

金貳百圓也　第參期分受入高

金壹百四拾圓也　本期支拂高

金貳百參拾圓九拾錢也　差引殘高

支出ノ內譯左ノ通リ

支拂月日	摘要	支出額	備考

在間島日本總領事館

在滿大使館經由

月	日	摘要	圓		證
七	一	新滿蒙社へ援助金	一〇	〇〇	證第一號
〃	六	時局講演家伊藤盧山へ寄附	二〇	〇〇	證第二號
〃	八	大亞細亞探檢旅行家根岸呑海へ寄附	一〇	〇〇	證第三號
〃	二七	內鮮人融和論者李東華へ寄附	一〇	〇〇	證第四號
八	九	法政新聞社へ援助金	一〇	〇〇	證第五號
〃	三〇	滿鮮農民社へ援助金	一〇	〇〇	證第六號
九	一	恩眞講堂建築基金へ寄附	二〇	〇〇	證第七號
〃	五	間島新報社へ寄附	二〇	〇〇	證第八號
〃	六	實生活社へ寄附	一〇	〇〇	證第九號
〃	二七	京城日報社へ寄附	二〇	〇〇	證第一〇號

在間島日本總領事館

（在間島日本總領事館）昭和拾年度第貳期分館長機密費支拂計算書

滿洲事件費（款）滿洲事件費（項）機密費（目）

	催宴月日	招待人員	單價	金額
雜件 補助寄附 援助費	一〇件			一四〇圓〇〇

在間島日本總領事館

在満大使館經由

昭和拾年度第貳期分普通機密費受拂報告書

滿洲事件費（款）　滿洲事件費（項）　機密費（目）

金壹千貳百圓四拾錢也

内譯

金貳百圓四拾錢也　前期繰越高

金五百圓也　第貳期受入高

金五百圓也　第參期受入高

金壹百六拾參圓貳拾錢也　本期支拂高

金壹千參拾七圓貳拾錢也　差引殘高

支出ノ內譯左ノ通リ

在間島日本總領事館

支拂月日		摘要	支出額 圓		備考
六	二八	民政部事務官武内哲夫同部通譯官温康田總督府事務官服部伊勢松招待費	二八	九〇	證第一號
七	一二	殉職外務省巡査三藤淨ニ對スル花輪代	二〇	〇〇	證第二號
八	二八	尹間島省教育廳學務科長招待費	二五	三〇	證第三號
九	一〇	汪清守備隊故井上特務曹長ニ對スル弔旗代	五	〇〇	證第四號
〃	〃	守備隊鷹森大隊長江藤少佐吉村警務廳長田中警務課長招待費	七四	五〇	證第五號
〃	二五	間島省公署主催滿洲事變殉職者慰靈祭供物代	五	〇〇	證第六號
〃	三〇	派遣支隊故佐藤健太郎上等兵ニ對スル弔旗代	四	五〇	證第七號

在間島日本總領事館

（在間島日本總領事館）昭和拾年度第二期分普通機密費支拂計算書

滿洲事件費（款）　滿洲事件費（項）　機密費（目）

	催宴回數	招待人員 客側	招待人員 主人側	單價	金額
邦人視察者招宴	一	三	二	五圓七八	二八圓九〇
任地地方官憲招宴	一	二	三	五〇六	二五三〇
日軍守備隊招宴	一	四	四	九三一	七四五〇
雜件 花輪弔旗	四件				三四五〇

在間島日本總領事館

昭和拾年度第貳期分普通機密費支拂明細書

催宴月日	宴會場	招待人名	支出額	内譯
六二八	料亭常盤	主賓服部朝鮮總督府事務官 武内同民政部事務官 溫同通譯官 主人側二名	二八圓九〇	料理 一五圓〇〇 酒 五六〇 サイダー 八〇 藝者花代 七五〇
八二八	料亭常盤	主賓尹間島省教育廳學務科長 陪賓一名 主人側三名	二五三〇	料理 一六五〇 酒 二八〇 藝者花代 六〇〇
九一〇	料亭 曙	主賓守備隊應森大隊長江	七四五〇	料理 三二〇〇

在間島日本總領事館

藤少佐吉村警務廳長田中警務科長主人側四名		
酒	一三	二〇
煙草	一	三〇
サイダー	二	〇〇
藝者花代	一九	〇〇
心附	七	〇〇

花輪弔旗
四件

三四
五〇

在間島日本總領事館

編者附言
本書ハ
昭和十一年一月十五日附
在滿
大使館來信
公機密第五七號
ノ附屬ナリ
原書ハ　　　ニアリ

昭和拾年度第参期分館長機密費受拂報告書

滿洲事件費（款）　滿洲事件費（項）　機密費（目）

[illegible]拾圓九拾錢也　前期繰越高
八拾四圓五拾錢也　本期支拂高
六圓四拾錢也　差引殘高

支出ノ内譯左ノ通リ

日		摘要	支出額（圓）		備考
一〇	一一	東亞產業時報社へ寄附	二〇	〇〇	證第一號
一〇	二九	滿洲日々新聞新京支店へ寄附	一〇	〇〇	證第二號
一一	七	安東國粹會へ寄附	二〇	〇〇	證第三號

在間島日本總領事館

在滿大使館經由

昭和拾年度第參期分館長機密費受拂報告書

滿洲事件費（款）　滿洲事件費（項）　機密費（目）

金貳百參拾圓九拾錢也　前期繰越高

金壹百六拾四圓五拾錢也　本期支拂高

金六拾六圓四拾錢也　差引殘高

支出ノ內譯左ノ通リ

支拂月日	摘要	支出額（圓）	備考
一〇、一一	東亞產業時報社ヘ寄附	二〇〇〇	證第一號
一〇、二九	滿洲日々新聞新京支店ヘ寄附	一〇〇〇	證第二號
一一、七	安東國粹會ヘ寄附	二〇〇〇	證第三號

在間島日本總領事館

在滿大使館經（？）

11.1.9

一一	七	八道溝鮮農々産物品評會へ農具寄附	六四	五〇	證第四號
一二	三	朝鮮日報社間島支局へ寄附	一〇	〇〇	證第五號
一二	四	奉天毎日新聞社へ寄附	二〇	〇〇	證第六號
一二	二三	北鮮日々新聞社へ寄附	一〇	〇〇	證第七號
一二	二三	間島新報社へ寄附	一〇	〇〇	證第八號

在間島日本總領事館

（在間島日本總領事館）昭和拾年度第參期分館長機密費支拂計算書

滿洲事件費（款）　滿洲事件費（項）　機密費（目）

	催宴月日	招待人員	單價	金額
雜件 補助寄附 援助費	八件			一六四圓五〇

在間島日本總領事館

(19)

在厦門領事館

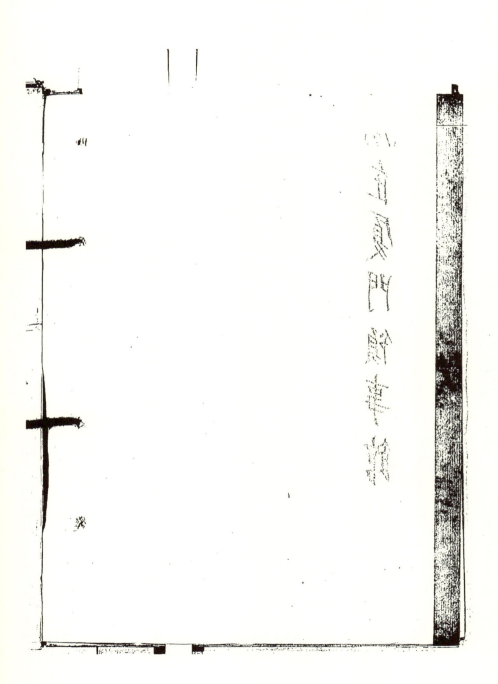

キ12リ

會計課

機密第五號

昭和十二年一月七日

在厦門

總領事代理　山田芳太郎

外務大臣　有田八郎殿

昭和十年度第三期及第四期滿洲事件費機密金受拂報告書提出ノ件

本件ニ關シ別添報告書提出ス御査閲相成度シ

在厦門日本帝國領事館

昭和十年度第三期及第四期分満洲事件費機密金

受払報告書

收入　金五拾円六拾九銭也

銀四百四拾六弗六拾壱仙也

銀四百八拾六弗六拾壱仙也　（不足額）

内訳

前期ヨリ越高　金五拾円六拾九銭也

銀四百八拾六弗六拾壱仙也　（不足額）

本期中受入高　銀四百四拾六弗六拾壱仙也　（前領収額金五拾円六拾九銭ノ横銀換算銀四拾八弗八拾五仙并ニ本期臨時費機密費ヲ清算残額三拾九弗七拾五仙ノ合計）

支出　金五拾円六拾九銭也　（横銀ノ価）

差引　金　ナシ

銀　ナシ

在厦門日本帝國領事館

(24) 在汕頭領事館

編者附言

本書ハ昭和十一年三月十一日附在汕頭領事館來信機密公第五〇號ノ附属ナリ

一、原書ニハ九年度ニアリ。

昭和十年度第壹期滿洲事件費支拂報告書

在汕頭日本領事館

收入

銀貳百七拾貳弗四拾參仙也　前年度越高

銀壹百八拾弗也　本期支拂高

一　銀九拾貳弗四拾參仙也

在汕頭日本領事館

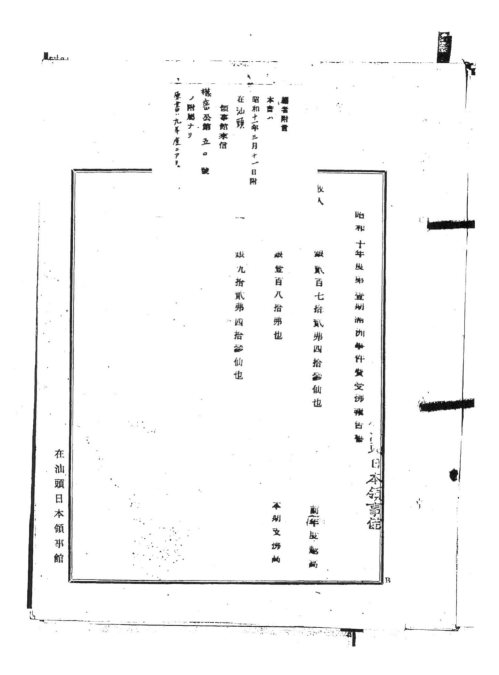

B

昭和十年度第壹期滿洲事件費支拂報告書

在汕頭日本領事館

收入　金貳百七拾貳弗四拾參仙也　前年度越高

支出　金壹百八拾弗也　本期支拂高

差引殘　金九拾貳弗四拾參仙也

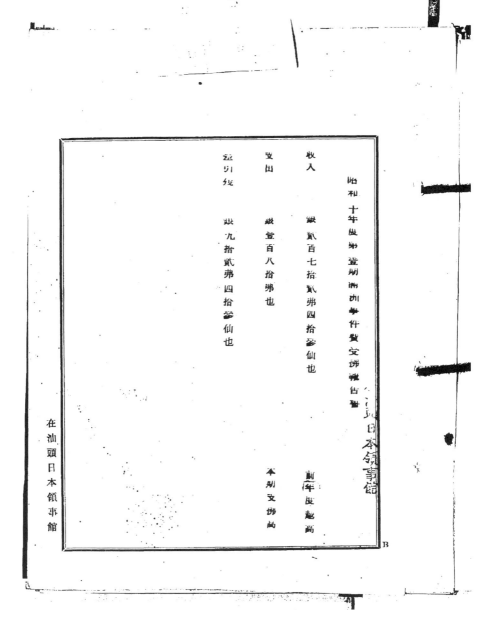

在汕頭日本領事館

支出内譯

支拂月日	摘要		
四月二十日	諜報費	六〇	〇〇
五月廿一日	〃	六〇	〇〇
六月廿一日	〃	六〇	〇〇
	計	一八〇	

在汕頭日本領事館

昭和十年度第貳期潮州事件費支拂報告書

在汕頭日本領事館

収入	前期越高	銀九拾貳弗四拾參仙也
支出	本期支拂高	銀九拾五弗也
差引殘		銀貳弗五拾七仙也

在汕頭日本領事館

支出内譯

支拂月日	摘要	支出額
七月廿二日	機密	三五
八月廿一日	諜報費	六〇
	計	九五

在汕頭日本領事館

(33)

在満洲里領事館

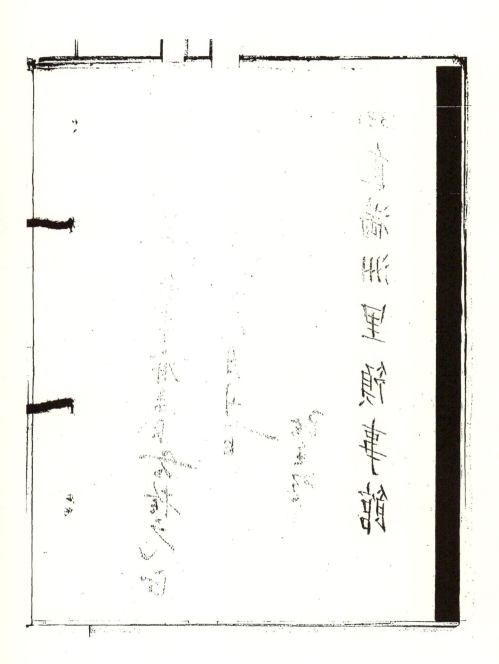

極秘

(分類 0.E.2.0.1-1-4)

会計課

公機密第九七號

昭和十年四月十日

在満洲里

領事 田中文一郎

外務大臣 廣田弘毅殿

事件費機密費受拂報告ノ件

昭和十年度第一期分事件費機密費受拂報告書別紙ノ通リ茲ニ提出申進ス

追テ残金事件費機密費金壹百五拾九圓八拾五錢及情報蒐集費金壹圓参拾五錢也ハ後藤副領事ヘ引継ク

本信写送付先 在満大使（但證憑書省略）

在満洲里日本領事館

別紙添付

昭和十年度第一期分事件費機密費受払報告書

収入

前年度越高 二〇六円八五銭

本期受高 ナシ

支出 四七〇、〇〇

差引残額 一五九、八五

支出ノ内訳左ノ如シ

支払月日	摘要	支払金額	備考
四、五	情報謝礼 中村へ	二〇〇、〇〇	證第一號
〃 八	軍令部前田大佐小畑少佐招宴 日本ホテルへ	二七〇、〇〇	〃 二號
計		四七〇、〇〇	

在満洲里日本領事館

編者附書
本書ハ
昭和十年七月五日附
在満洲里領事館來信
機密第二四八號
ノ附屬ナリ

昭和十年度第一期 自四月一日 至六月三十日 分 事件費機密費受払報告書

入

期越高 一五九、八五

期受高 一、〇〇〇、〇〇 満蒙會議ニ伴フ機密費トシテ特ニ稟請ニ依ルモノ

支出 五一一、五六

差引残 六四八、二九

支出ノ内譯左ノ通リ

支払月日	摘要	支払金額	
四、二五	着任披露宴、日鮮人主要人招待費 満洲屋払	一〇九、四〇	證第一號
五、三〇	同上 満人要人招待費 日本亭払	九八、〇一	證第二號
六、一四	酒類購入 一七〇圓七六、換算率 九五仙 ワラビヨフ商店ヘ払	二〇一、二五	證第三號

在満洲里日本帝国領事館

昭和十年度第一期自四月十一日至六月三十日分

満洲事件費機密費受払報告書

収入

前期越高　一五九、八五

本期受高　一〇、〇〇〇、〇〇　満蒙會議ニ伴フ機密費トシテ特ニ稟請ニ係ルモノ

支出　五一一、五六

差引残　六四八、二九

支出ノ内譯左ノ通リ

支払月日	摘要	支払金額	
四、二五	着任披露宴、日鮮人主要人招待費　満洲屋払	一〇八、四〇	證第一號
五、三〇	同　上満人要人招待費　日本亭ニ払	九八、〇一	證第二號
六、一四	酒類購入　一九五圓七六、換算率九五仙　ワラビヨフ商店ヘ払	二〇一、二五	證第三號

在満洲里日本帝国領事館

在満洲国日本帝国領事館

日付	摘要	円	銭	證
六、一六	ビール二打代　近松へ払	三	六〇	證第四號
六、二〇	請酒及ビール代	二一	七〇	證第五號
六、二五	哈爾賓會議満側代表招待宴會費　日本亭ニ払	七八	六〇	證第六號
計		五一一	五六	

編者附書
本書ハ
昭和十年十月十日附
在満洲里領事館来信
機密第五七九號
ノ附屬ナリ

昭和十年度第二期 自七月一日 至九月三十日

満洲事件機密費受払報告書

入
期越高 六四八、二九
期受高 無
出高 二三八、四三
高 四〇九、八六
内譯左ノ通リ

支払日	摘要	支払金額	備考
七、二六	岩佐憲兵司令官一行午餐招待(七月八日) 金島ヘ払	二六四〇	證第壹号
七、二七	満蒙会議満側代表八名二次会(七月二六日) 青柳ヘ払	二四三三	證第二号
七、三一	満蒙会議満側代表招待宴会用煙草其他 ワカミヨフヘ払	七七〇	證第三号

昭和十年度第二期 自七月一日 至九月三十日

満洲事件機密費受払報告書

受入

前期越高 六四八、二九

本期受高 無

支出 二三八、四三

差引残高 四〇九、八六

支出ノ内譯左ノ通リ

支払月日	摘要	支払金額	備考
七、二六	岩佐憲兵司令官一行午餐招待（七月八日）金島ヘ払	二六 四〇	證第壹号
七、二七	満蒙会議満側代表八名二次会（七月二六日）青柳ヘ払	二四 三三	證第二号
七、三一	満蒙会議満側代表招待宴会用煙草其他 ワカミヤヘ払	七 七〇	證第三号

八、二八	小島部隊長、白濱憲兵隊長新任歓迎招待宴（八月二三日）青柳ヘ拂	六八二〇	證第四号
九、三〇	笠井楽園長招待宴（八月二九日）東亜ホテルヘ拂	五一六〇	證第五号
九、三〇	警務各機関招待宴（八月四日）東亜ホテルヘ拂	六〇二〇	證第六号
計		（二三八四三）	

十一年度

満洲里情報費
機密費

不要記

満洲里
四月八日附
機密

編者附言
本書ハ
昭和十一年四月八日附
在満洲里
領事館来信
機密公第一一九號
ノ附属ナリ
原書ハ居留民取締費
機密費ニアリ

昭和十年度第四期自一月一日至三月三十一日分
満洲事件情報蒐集費受払報告書

収入	前期越高	ナシ
	本期受高	七五〇、〇〇
	計	七五〇、〇〇
支出		二五五、〇八
差引残		四九四、九二

林 (印)

支出ノ内譯左ノ通リ

(続) 15,6,2,0,1-

支払月日	摘要	支払金額	備考
一、二〇	前期不足額補塡	一円三〇	
一、二四	在支満洲国領事館員招待費	三六二〇	證第一號

満洲宛
四月八日附
機密第一二九号
附属

満洲事件費 機密費

昭和十年度第四期自一月一日至三月三十一日分
満洲事件費 情報蒐集費 受払報告書

収入
前期越高 ナシ
本期受高 七五〇、〇〇〇
計 七五〇、〇〇〇
支出 二五五、〇〇八
差引 残 四九四、九九二

支出ノ内譯左ノ通リ

支払月日	摘要	支払金額	備考
一、二〇	前期不足額補填	一四三〇	
一、二四	在支満洲国領事館員招待費	三六二〇	證第一號

	「ソ」聯情報入手ノ為 青柳ニ拂	、	
六、一六	海拉爾特務機関長及蒙古軍司令部員招待宴会費 青柳ニ拂	六七五八	證第二號
六、二〇	情報ノ酬 外蒙情報関係 エレンチン拂	四五〇〇	證第三號
三、二三	同上 「ソ」聯情報関係 トゥカチェフ拂	六〇〇〇	證第四號
三、二五	同上 外蒙情報関係 ファイン拂	四五〇〇	證第五號
	合計	二五五〇八	

昭和十年度第四期 自一月一日 至三月三十一日 分
満洲事件費機密費受払報告書

収入
前期越高 一九九円二六銭
本期受高 ナシ
計 一九九、二六
支出 一九九、二六
差引
残 ナシ

支出ノ内譯左ノ通リ

支払月日	摘要	支払金額	備考
二、一七	西新巴旗弁事処員及蒙古軍幹部招待宴会（二月六日）興業楼払	六四円二六	證第一號

三、二七	小島部隊幹部招待宴會費 (三月十六日) 青柳へ拂	六一四〇	證第二號
三、二七	電報通信関係者招待宴會費 (三月二十四日) 青柳へ拂	三六一五	證第三號
三、三〇	扎賚諾爾新駐部隊幹部招待宴會費 (三月二十七日) 金鳥へ拂	三七四五	證第四號
	合計	一九九二六	

[illegible] 全書指大圖目指南數內

(36)
在鄭家屯領事館

[illegible]（3）

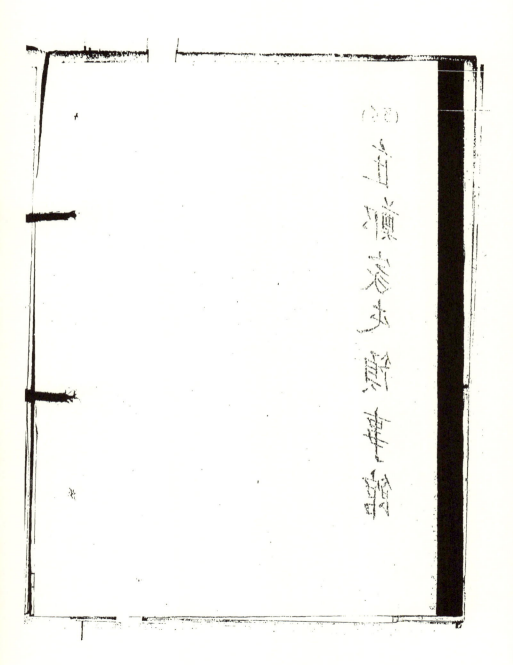

在滿大使館

計機密第三三七號

昭和十年十月八日

在鄭家屯

領事　瀧山靖次

外務大臣　廣田弘毅　殿

滿洲事件費機密費受拂報告書提出ノ件

昭和十年度第二期分滿洲事件費機密費受拂報告書同附屬證憑書並同計算書各一部提出ス御査閲相成度シ

在鄭家屯日本領事館

昭和拾年拾月拾六日
別紙添付

昭和拾年度第三期分 自七月一日 至九月卅日 満洲事件費 事務費

機密費受払報告書　在鄭家屯日本領事館

受入 一金四拾七円弐拾銭也

内訳 金九円七拾銭也　但第一期分残高繰越

金参拾七円五拾銭也　但本期分受入高

支払 一金拾円也

内訳 金拾円也　但本期支払高

差引残高 金参拾七円弐拾銭也　第三期ヘ繰越高

右支払内訳左ノ通リ

支払月日	事由	金額	備考
九月三十日	九月二十九日扶輪小學校秋季運動会寄附金	一〇円〇〇	証第一号
計		一〇円〇〇	

在鄭家屯日本帝國領事館

右報告ス

昭和拾年拾月八日

在鄭家屯

領事　瀧山靖次郎

外務大臣

廣田弘毅殿

備考

催宴関係事項ナキニ付催宴明細書ハ略ス

在鄭家屯日本帝國領事館

昭和拾年度第二期分自七月一日至九月卅日 機密費計算書

在鄭家屯日本領事館

満洲事件費 事務費 機密費

招宴関係	催宴回数	招待人員	單價	金額	備考
ナシ				○	
雑件					
寄附金				一〇円〇〇	
計				一〇円〇〇	

在鄭家屯日本帝國領事館

編者附箋

本書ハ

昭和十年一月九日附

在鄭家屯領事館来信

機密公第六号

ノ附属ナリ

昭和十年度第三期分満洲事件費、事務費機密費受拂報告書

一、金壹百拾貳圓貳拾錢也

前期越高　金參拾七圓貳拾錢也

本期受高　金七拾五圓也

一、金六拾壹圓也

一、金五拾壹圓貳拾錢也

支出ノ内譯左ノ通リ

支拂月日	摘要	支出額	備考
十月二日	朝鮮總督府施政二十五週年記念日ニ際シ普通學校兒童ニ對シ交附菓子代寄附金	五〇〇	證第壹號
十一月二十四日	故中村、辰巳兩上等兵慰靈祭花環一對代	一六〇〇	證第貳號
十一月二十八日	北滿洲日報社ヘ京白、白溫兩線開通祝賀記念號發刊援助金	一〇〇〇	證第參號

在鄭家屯日本領事館

昭和十年度第三期分滿洲事件費、事務費機密費受拂報告書

收入　一、金壹百拾貳圓貳拾錢也

前期越高　金參拾七圓貳拾錢也

本期受高　金七拾五圓也

支出　一、金六拾壹圓也

差引　一、金五拾壹圓貳拾錢也

支出ノ內譯左ノ通リ

支拂月日	摘要	支出額	備考
十月二日	朝鮮總督府施政二十五週年記念日ニ際シ普通學校兒童ニ對シ交附菓子代寄附金	五〇〇	證第壹號
十一月二十四日	故中村、辰巳兩上等兵慰靈祭花環一對代	一六〇〇	證第貳號
十一月二十八日	北滿洲日報社ヘ京白、白溫兩線開通祝賀記念號發刊援助金	一〇〇〇	證第參號

在鄭家屯日本領事館

十二月七日	上垣大尉戰死追悼會供物品代	一〇〇〇	證第四號
十二月十六日	獨立守備隊官舍竣工式祝品代	二〇〇〇	證第五號
	計	六一〇〇	

在鄭家屯日本領事館

鄭家屯
四月九日附
機密

編者附書
本書ハ
昭和十一年四月九日附
在鄭家屯
領事館来信
機密公第八二號
ノ附属ナリ
原書ハ宴會費ニアリ。

(ま… 06.2.0.1-

十年度 … 洲事件費
機密費

昭和拾年度第四期分満洲事件費 機密費
受拂報告書

収入 一、金五拾壹圓貳拾錢也

前期越高 金五拾壹圓貳拾錢也

一、金五拾圓也

一、金壹圓貳拾錢也

支出ノ内譯左ノ通リ

月日	摘要	支出額	備考
一月十一日	匪賊討伐負傷兵見舞品代	二〇 〇〇	證第一號
一月十八日	鄭家屯時報援助金	一〇 〇〇	證第二號
二月十七日	匪賊討伐中戰死者曹長中村清六以下五名ニ對スル慰靈祭花輪代	一〇 〇〇	證第三號
三月七日	四平街四洮新聞社援助金	一〇 〇〇	證第四號
	計	五〇 〇〇	

在鄭家屯日本領事館

鄭家屯

四月九日接

機密第八二号

(A.06.2.0.1-1)

昭和拾年度第四期分滿洲事件費 機密費

受拂報告書

收入　一、金五拾壹圓貳拾錢也

前期越高　金五拾壹圓貳拾錢也

支出　一、金五拾圓也

差引　一、金壹圓貳拾錢也

支出ノ内譯左ノ通リ

支拂月日	摘要	支出額	備考
一月二十一日	匪賊討伐負傷兵見舞品代	二〇〇〇	證第一號
一月二十八日	鄭家屯時報援助金	一〇〇〇	證第二號
二月十七日	匪賊討伐中戰死者曹長中村清六以下五名ニ對スル慰靈祭花輪代	一〇〇〇	證第三號
三月七日	四平街四洮新聞社援助金	一〇〇〇	證第四號
	計	五〇〇〇	

在鄭家屯日本領事館

十年度 滿洲事件費 機密費

不要記

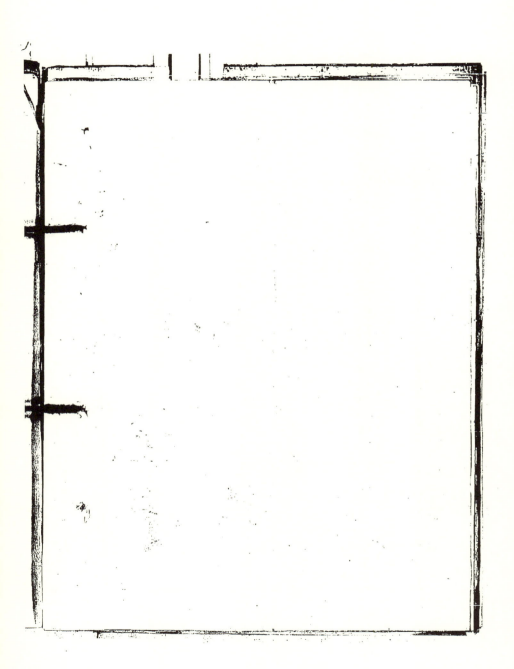

(37)

在錦州領事館

（分類 06.2.0.1-1-4

在満大使館通商

機密

昭和拾年八月五日接受

別紙添

領事後藤祿郎

外務大臣 廣田弘毅殿

機密費受拂報告書提出ノ件

昭和十年度第一期分滿洲事件費（一款、項）機密費受拂報告書同附屬證憑書別添ノ通リ送付ス御査閲相成度シ

本信寫送付先 大使

在錦州日本領事館

機密第三十七號

昭和十年七月二十五日

在錦州
領事 後藤祿郎

外務大臣 廣田弘毅殿

機密費受拂報告書提出ノ件

昭和十年度第一期分滿州事件費（款、項）機密費受拂報告書同附屬證憑書別添ノ通リ送付ス御査閲相成度シ

本信寫送付先 大使

在錦州日本領事館

満洲事件費

昭和拾年度第一期分 自四月一日 至六月三十日 満洲事件費

機密費受払報告書

受入一金参百円也

内訳金参百円也　本期受入高

支払一金弐百九拾参円四拾参銭也

内訳金拾壱円四拾参銭也　昭和九年度機密費不足補填高

金弐百八拾弐円也　本期支払高

差引残高六円五拾七銭也

右支払内訳左ノ通リ

支払月日		理由	金額	備考
四	一二	故陸軍歩兵伍長谷俊次郎外二名香奠	一五〇〇円	証第一号
四	三〇	天長節祝賀広告料（錦州新報）	一〇〇〇	証第二号

月	日	摘要	金額（円）	金額（銭）	証拠
四	二〇	四月二十八日特務機関長兼満洲国顧問賀大佐送別宴並桜井部隊、守備隊幹部招宴負担金（錦県公署、省公署、満洲国軍等主催ニ合流）	九四	〇〇	証第三号
五	五	錦州日本尋常高等小學校優等生領事賞	一六	〇〇	証第四号
五	一〇	ノルウェー ベルゲン大學長 アントンモール夫妻晩餐費	一二	〇〇	証第五号
五	二〇	故陸軍砲兵上等兵大和満蔵香典	五	〇〇	証第六号
五	二八	故陸軍歩兵曹長大野朱寛外二名香典	二〇	〇〇	証第七号
六	一〇	故朱顯廷氏花環一對代	一〇	〇〇	証第八号
六	二三	錦州神社鎮座祭幣帛料	一〇	〇〇	証第九号
〃	〃	錦州神社臨時大祭幣帛料	一〇	〇〇	証第十号
六	三〇	徴兵検査終了後野副検査官外徴兵検査関係者計十四名晩餐費	八〇	〇〇	証第十一号
計			二八二円	〇〇	

右報告ス

昭和拾年七月拾日

在錦州
領事　後藤祿郎

外務大臣　廣田弘毅殿

(宮内)

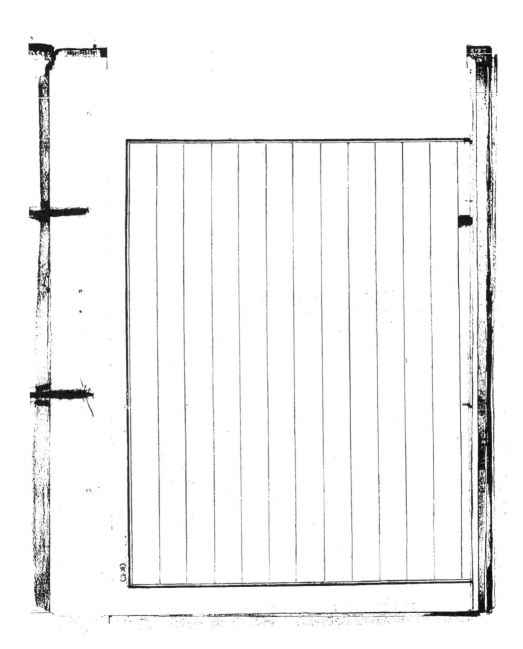

催宴明細書

費目種別	満洲事件費	満洲事件費	機密費
催宴月日	四・二八	五・一〇	六・一三
宴會場	日本亭	錦州ホテル	日本亭
招待人員	四三名	三名	一四名
支出額	(分担金)九四円〇〇	一二円〇〇	八〇円〇〇
料理代	八六円	一〇円九〇	七〇円〇〇
果物菓子代			
花代			
酒飲物代			
煙草代			
心附	八円〇〇	一円一〇	一〇円〇〇
其他			

右報告ス

昭和拾年七月拾日

在錦州

領事 後藤禄郎

外務大臣 廣田弘毅殿

在錦州日本帝国総領事館［一部判読不能］機密費計算書

費目種別	満洲事件費、満洲事件費機密費					備考
招宴関係		主	宴			[illegible]
二大節式宴						一定〃之
新任披露招宴						
邦人視察者招宴						
佐國要人招宴						
満洲国官吏特務機関要員招宴						
在地地方官憲招待	二	二三	三四	三〇四	一七四〇〇	
外交団領事団招宴						[illegible]
在留邦人招宴						
雑招宴	一	一	二	四〇〇	一二〇〇	一二名
酒類飲料水購入代						
煙草購入代						
花代						
其他						
諜報関係費						

雑件	件数	金額
宣傳費（若書新聞雑誌購入代）		
諸會費		
花輪、香典	四	五〇〇〇
補助、寄附権助費	三	三〇〇〇
贈與、謝礼	一	一六〇〇
其他		
計	二	二八二〇〇

右報告ス

昭和拾年七月拾日

在錦州

領事 後藤 [illegible]

外務大臣 廣田弘毅殿

（分類 061.2.04.1-4）

在満大使館経由

會計課

機密第五九四號

昭和十年十月十四日

在錦州
領事 後藤祿郎

外務大臣 廣田弘毅殿

満洲事件費機密費支拂報告書提出ノ件

昭和十年度第二期分満洲事件費（款、項）機密費支拂報告書同附屬證憑書別添ノ通リ送付ス御査閲相成度

本信寫送付先 大使

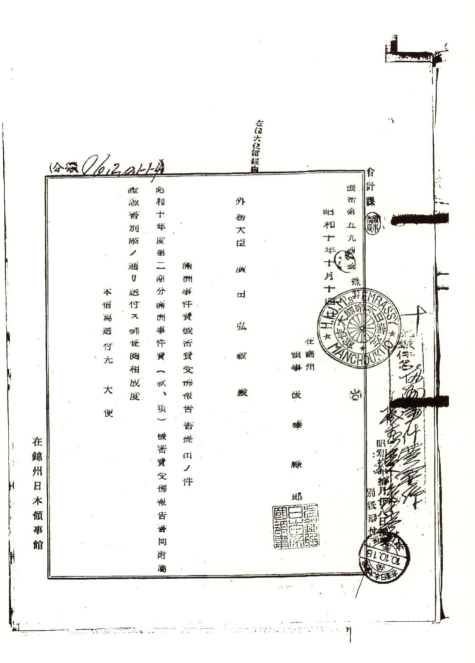

在錦州日本領事館

昭和拾年度第二期分自七月一日至九月卅日 満洲事件費

満洲事件費　機密費受払報告書

受入一金六百零六円五拾七銭也

内譯　金六円五拾七銭也　第一期分残高繰越

金参百円也　第二期分受入高

金参百円也　第三期分受入高

支払一金貳百八拾五円九拾銭也

内譯　貳百八拾五円九拾銭也　本期支払高

差引残高参百貳拾円六拾七銭也

右支払内譯左ノ通リ

支払月日 月	日	理由	金額	備考
七	一〇	六月十二日津屋会計検査官来錦ニ際シ満鉄建設事務所ト合同ニテ招待晩餐費	四〇円 〇〇	証第一号
七	一一	故陸軍歩兵伍長佐藤菊蔵外三名香典	二〇 〇〇	証第二号
七	二四	在郷軍人副会長小泉中将来錦ニ際シ旧満軍官民招宴費	五九 二〇	証第三号
八	一七	八月十五日衛戍病院長毛利軍医正及独立守備隊松山軍医離錦ニ際シ晩餐費	四九 〇〇	証第四号
八	一八	八月十八日領事館敷地ト鉄路総局用地トノ交換問題ニ関シ鉄路総局中村土地係長外一名来錦ニ際シ総局関係者招宴	四一 一〇	証第五号
八	二三	大坪、小林警務庁長送迎宴会費	三六 六〇	証第六号
八	二四	県公署看巡警殉職者ニ対スル花輪代	一〇 〇〇	証第七号
九	五	故砲兵少尉村井禎三ニ対スル香典	一〇 〇〇	証第八号
九	一二	警務連絡費（領事館、在郷軍人分会、満洲国側ト間ニ於ケル分割負担額）	二〇 〇〇	証第九号
		合計	二八五 九〇	

右報告ス

昭和拾年拾月拾日

在錦州日本帝国領事館

領事 後藤祿郎

外務大臣 廣田弘毅殿

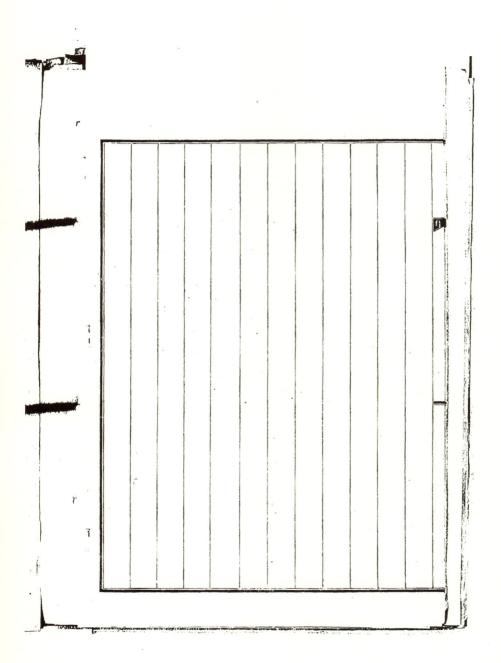

在錦州日本[illegible]拾[illegible]第二[illegible]機密費[illegible]

費目種別	満洲事件費、満洲事件費、機密費	[illegible]	[illegible]			備考
招宴[illegible]		主	客			[illegible]
三六節式宴						一定セス
新任[illegible]披露招宴						
邦人視察者招宴						
往國要人招宴	一	四	一六	一八〇	三六〇	
[illegible]組員招宴						
往地地方官憲招待	二	二	二五	六三七	一〇八二〇	
外交團領事團招宴						[illegible]食堂ノ[illegible]客人員
在留邦人招宴						一〇名
雑招宴	二	三	三七	四〇五	八一一〇	
酒類飲料水購入代						
煙草購入代						
花代						
其他						
諜報関係費						

雑件		
宣傳費（新聞雑誌購入代）		
諸會費		
花輪、香典、補助、寄附援助費	三	四〇〇
贈與、謝礼		
其他	一	二〇〇
計		三八五九〇

右報告ス

昭和拾年拾月拾日

在錦州

領事 後藤禄郎

外務大臣 廣田弘毅殿

催宴明細書

費目種別	満洲事件費		満洲事件費		機密費
催宴月日	六・二二	七・一四	八・一五	八・一八	八・二二
宴會場	日本亭	錦城館	日本亭	丸古	得味齋
招待人員	一四名	八名	九名	六名	二・名
支出額	(分担金) 四〇円〇〇	五九円二〇	四九円〇〇	四一円一〇	三六円六〇
料理代	三五円〇〇	五五円二〇	四五円〇〇	一八円〇〇	三六円〇〇
果物菓子代					
花代				九円〇〇	
酒飲物代				九円〇〇	〇円六〇
煙草代				〇円三〇	
心附	五円〇〇	四円〇〇	四円	四円	
其他				〇円八〇	

右報告ス

昭和拾年拾月拾日

在錦州

領事　後藤禄郎

外務大臣　廣田弘毅殿

（分類 0.6.2.0.1-1-4）

在滿大使館調書

會計課

機密第一三號

昭和十一年一月十日

在錦州

領事 後藤 録郎

外務大臣 廣田弘毅殿

滿洲事件費（款、項）機密費受拂報告書提出ノ件

昭和十年度第三期分首記ノ報告書別附證憑書類別添ノ通リ提出ス御査閲相成度

在錦州日本領事館

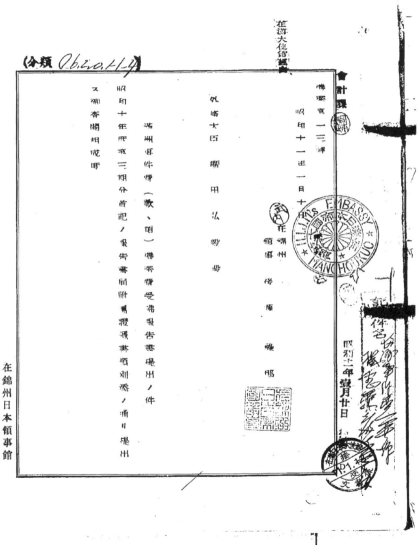

昭和十一年壹月廿日

昭和十年度第三期分 自十月一日 至十二月卅一日
満洲事件費（款項）機密費、受払報告書

受入一金六百貳拾円六拾七銭也
内譯 金參百貳拾円六拾七銭也 第二期分残高繰越
金參百円也 第四期分受入高

支拂一金參百拾八円七拾銭也
内譯金參百拾八円七拾銭也 本期支拂高

差引残高金參百零壹円九拾七銭也

右支拂内譯左ノ通リ

支拂月日		理由	金額		備考
十一	十二	当地横尾部隊所属故陸軍歩兵上等兵山崎孝次ニ対スル香典	五	〇〇	證第壹号
十一	十四	満洲国殉職警官竹永進ニ対スル花輪代	八	〇〇	〃〃貳〃
十一	十七	錦州神社秋季大祭幣帛料	二〇	〇〇	〃〃参〃
十二	七	錦州居留民会議員招待費	八五	〇〇	〃〃四〃
十二	二十	大橋外交次長来錦ニ際シ満洲国要人並日本側要人招宴費	九一	七〇	〃〃五〃
十二	九	当地松井部隊所属故陸軍歩兵大尉前田勝栄外八名ニ対スル香典	二〇	〇〇	〃〃六〃
十二	十一	綏中神社鎮坐祭幣帛料	二〇	〇〇	〃〃七〃
十二	十二	当地軍事郵便局員故鶉見博ニ対スル花輪代	八	〇〇	〃〃八〃
十二	十七	山海関国境警察隊在郷軍人名簿照校並事務連絡費	一三	〇〇	〃〃九〃
十二	十八	機密費 日満憲警連絡委員会ニ対スル分担額	三〇	〇〇	〃〃拾〃

HN(十二行)

十二 二十	錦州日本消防組々頭古賀鉄太郎死亡ニ付香典	一〇 〇〇	證第拾壹号
十二 二十三	満軍第三十三團慰霊祭ニ際シテ花輪代	八 〇〇	〃 〃 拾貳号
	合計	三一八 七〇	

右報告ス

昭和十一年一月九日

在錦州

領事 後藤祿郎

外務大臣

廣田弘毅殿

HN(十二行)

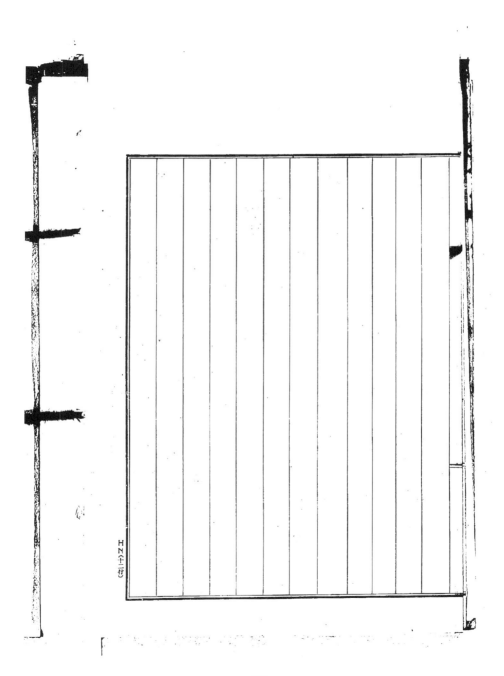

在錦州日本[illegible]十[illegible]三[illegible]機密費[illegible]

費目種別	[illegible] 満洲事件費、満洲事件費	備考
招宴関係	[illegible]	[illegible]
三大節式宴		一定セス
新任離任披露招宴		
邦人視察者招宴		
任國要人招宴		
[illegible]招宴		
任地地方官憲招待	一一二九 四五八 九一七〇	
外交團領事團招宴		[illegible]食堂ノ[illegible]客人員
在留邦人招宴	一一四二 三四〇 八五〇〇	一〇名
雜招宴		
酒類飲料水購入代		
煙草購入代		
花代		
其他		
諜報関係費		

雑件		
宣伝費 著書新聞雑誌購入代		
諸会費		
花輪、香典	六	五九〇〇
補助、寄附援助費	二	四〇〇〇
贈与、謝礼		
其他	二	[illegible]三〇〇
計		三二八[illegible]七〇

右報告ス

昭和十一年一月九日

在錦州

領事 後藤禄郎

外務大臣

催宴明細書

費目種別	満洲事件費、満洲事件費、機密費	
催宴月日	十一 五	十一 八
宴會場	精養軒	日本亭
招待人員	二五人	二十人
支出額	八五円〇〇	九一円七〇
料理代		
果物菓子代		
花代	七五.〇〇	八一.七〇
酒飲物代		
煙草代		
心附	一〇.〇〇	一〇.〇〇
其他		

右報告ス

昭和拾一年一月九日

在錦州
領事　後藤禄郎

外務大臣　廣田弘毅殿

昭和十年度第三期分 自十月一日 至十二月卅一日

滿州事件費（款、項）機密費受拂報告書

附屬證憑書

自證第一號
至證第十二號

在錦州日本帝國領事館

在錦州日本領事館

D

會計課

機密第一六一號　豫算

昭和十一年四月十三日

在錦州
領事　後藤祿郎

在満大使館

有田八郎殿

満洲事件費（一號、項）機密費受拂報告書提出ノ件

昭和十年度第四期分首記ノ報告書同附屬證憑書類別添ノ通リ提出ス

御査閲相成度

本信寫送付先　大使

昭和十一年四月廿三日

別紙添附

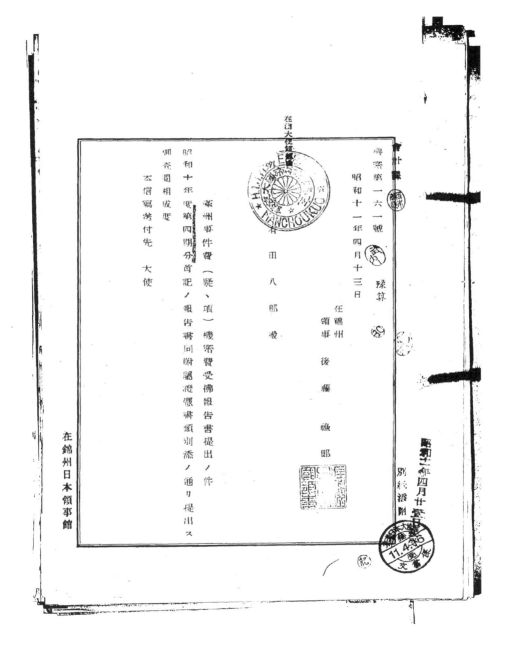

在錦州日本領事館

昭和十年度第四期分

満洲事件費、満洲事件費

機密費受払報告書

一、受入高一金参百零壹円九拾七銭也

内譯金参百零壹円九拾七銭也第三期中受入高ノ

残高繰越

一、支払高一金貳百七拾参円五拾五銭也

内譯金貳百七拾参円五拾五銭也　本期支払高

一、差引残高一金貳拾八円四拾貳銭也

右支拂內譯左ノ通リ

支拂月日		事由	金額		備考
一	一三	小学校舎建設ニ関シ校長其他関係者打合会費	五二	〇〇	證第壹號
二	四	満洲国警佐豊幾卓郎慰霊祭花輪代	八	〇〇	證第貳號
二	五	錦州省各縣参事官治安維持連絡打合晩餐会費	九五	〇五	證第参號
二	一六	錦州独立守備歩兵第六大隊陣亡者二階堂多利衛外三名ニ対スル香典	二〇	〇〇	證第四號
二	二四	松井部隊討伐凱旋歓迎会費	九八	五〇	證第五號
		合計	二七三	五五	

右報告ス

昭和十一年四月十一日

在錦州領事 後藤禄郎

外務大臣 有田八郎殿

コクヨ (罫三九号)

在[illegible]十[illegible]四[illegible]機密費[illegible]

費目種別	[illegible]満州事件費(款項)[illegible]	備考
招宴関係	[illegible]	[illegible]
一大祥武宴		一定セズ
[illegible]化[illegible]招宴		
邦人有志者招宴		
化[illegible]招宴	一三二六三四九五〇五	
[illegible]		
化[illegible]方[illegible]招待	一四二六五六九八五〇	
外[illegible]招宴		[illegible]
在留邦人招宴	一四六二六〇五二〇〇	一〇名
雑招宴		
[illegible]代		
煙草購入代		
花代		
其他		
諜報関係費		

種件		
宣伝費		
[illegible]		
[illegible]費		
花柳・会費	二	二八〇〇
[illegible]		
[illegible]・謝礼		
其他		
計		二七三 五五

右報告ス

昭和十一年四月十一日

在錦州

領事　後藤禄郎（印）

外務大臣有田八郎殿

催宴明細書

費目種別	満洲事件費（款項）機密費		
催宴月日	一一、八	一一、三〇	一二、一八
宴會場	得味齋	八景	日本亭
招待人員	一六人	一二人	一一人
支出額	五二円〇〇	九五円五銭	九八円五〇銭
料理代	四〇円〇〇	八五円五銭（料理代・菓子果物代・花代・酒飲物代・煙草代 計）	八八円五〇（料理代・菓子果物代・花代・酒飲物代・煙草代 計）
菓子果物代			
花代			
酒飲物代	六円七五銭		
煙草代	〇円六〇銭		
心附	三円六五銭	拾円〇〇	拾円〇〇
其他	壹円〇〇	〇	〇

右報告ス

昭和拾一年四月十一日

在錦州

領事　後藤禄郎

外務大臣　有田八郎殿

(41)
在新民府分館

三才来反存之證

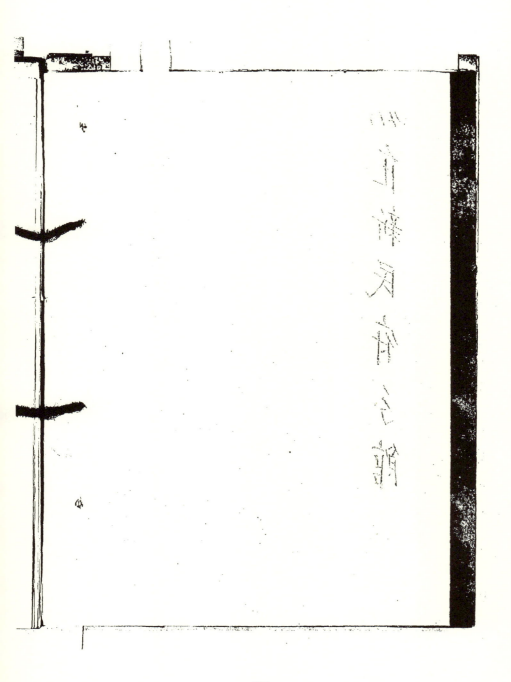

編者附書
本書ハ
昭和十年七月二十三日附
在新民府分館來信
機密公第一四六號
ノ附屬ナリ

[illegible]一期分滿洲事件費機密費受拂報告書

金[illegible]〇圓　本期受入高

金[illegible]八圓　前年度不足額補塡

金[illegible]五圓　本期支拂高

差引

金　八九、八七圓　次期繰越高

支出之内譯左之通

在奉天日本總領事館新民府分館

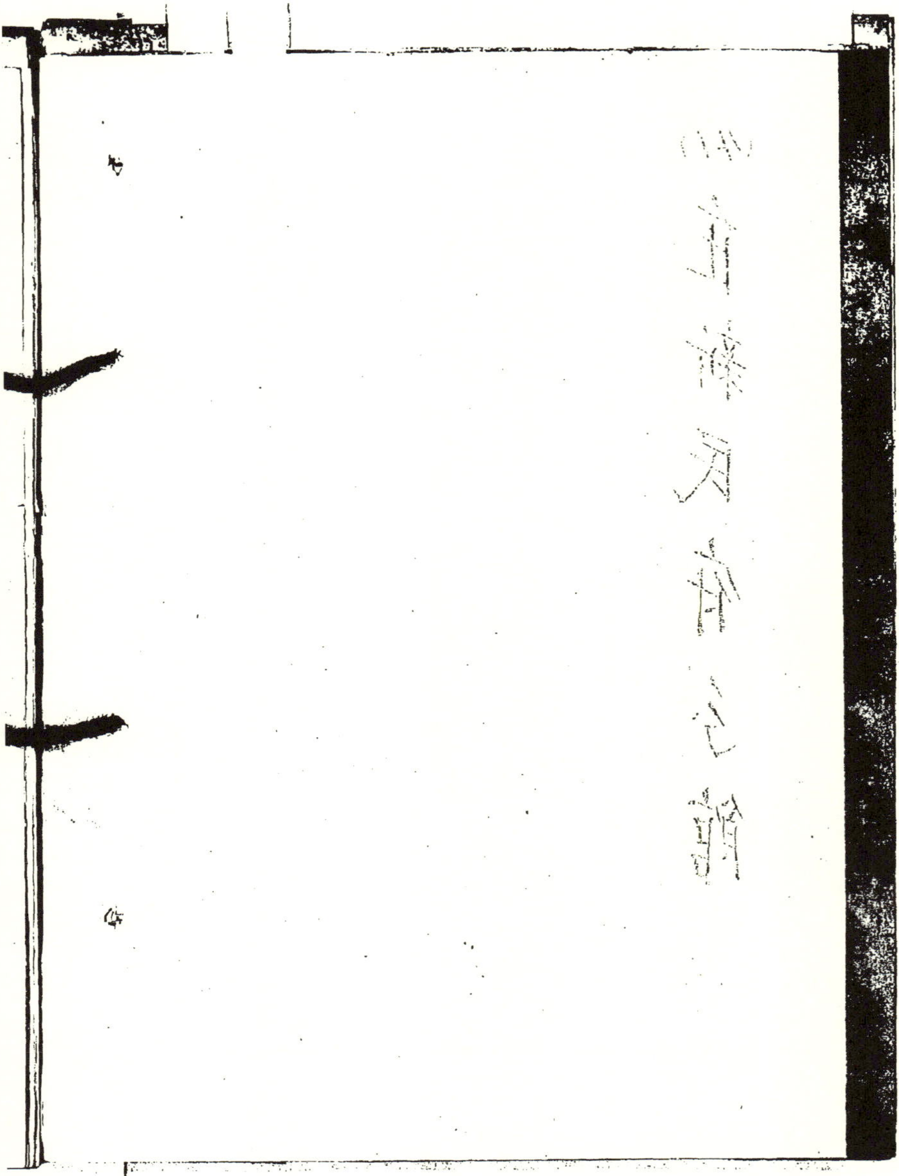

昭和十年度第一期分滿洲事件費機密費受拂報告書

收入

金參〇〇、〇〇圓　本期受入高

支出

金　七六、壹八圓　前年度不足額補塡

金壹參參、九五圓　本期支拂高

差引

金　八九、八七圓　次期繰越高

支出之内譯左之通

在奉天日本總領事館新民府分館

D

月	日	事由	金額		備考
四	二	西公太堡派遣所張巡査補匪賊團ノ爲メニ襲撃負傷奉天滿鐵病院ニ入院シタルニ付見舞	一〇	〇〇	證憑書ヲ徴セス
	九	西公太堡普通學校卒業生ヘ寄贈記念品代 近江洋行拂	參	八五	證第一號
	二〇	大虎山小學校卒業生記念寄贈品代 大阪屋拂	六	參〇	證第二號
	二八	獨立守備隊戰死者慰靈祭ヘ獻花 奉天板橋拂	貳六	〇〇	證第三號
	三〇	大虎山憲兵隊長主賓警察署員等主客八名ノ會食	參參	參〇	證第四號
五	二〇	招客用ビール二打	壹〇	〇〇	證第五號
	二二	傷病兵慰問果物壹籠代	五	〇〇	證第六號
	三〇	日滿聯合運動會寄附	五	〇〇	證憑書ヲ徴セス

在奉天日本總領事館新民府分館

六	二	端陽節ニ付出入滿人及使用人へ心付	一九 五〇	證第七號
	二五	大虎山ニ於ケル忠魂碑除幕式へ贈花　奉天　板橋拂	一五 〇〇	證第八號
		合計	壹參參 九五	

在奉天日本總領事館新民府分館

D

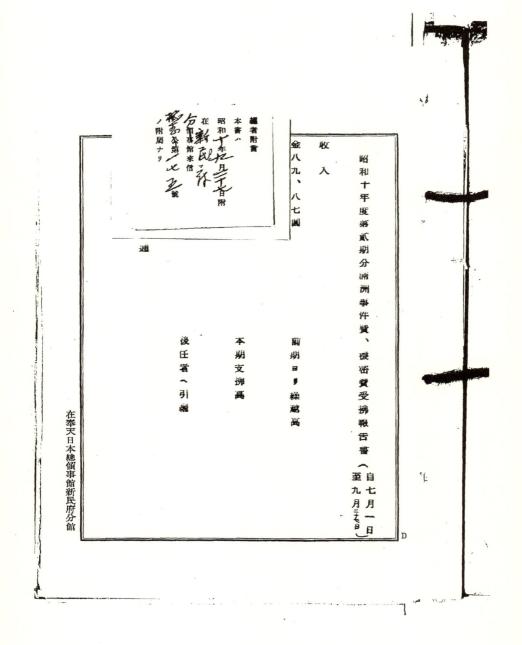

昭和十年度第貳期分滿洲事件費、機密費受拂報告書（自七月一日 至九月三十日）

收入

金八九、八八七圓

編者附言
本書ハ
昭和十年九月三十日附
在新民府分館來信
機密公第一七五號
ノ附屬ナリ

還

前期ヨリ繰越高

本期支拂高

後任者ヘ引繼

在奉天日本總領事館新民府分館

昭和十年度第貳期分滿洲事件費、機密費受拂報告書（自七月一日至九月三十日）

収入

金八九、八七圓　前期ヨリ繰越高

支出

金五九、五〇圓　本期支拂高

差引殘高

金參〇、參七圓　後任者ヘ引繼

支出ノ内譯左ノ通

在奉天日本總領事館新民府分館

月	日	事由	金額	備考
八	七	忠魂碑建設寄附金	参〇〇〇	證第一號
	一一	中隊長送別負擔	五〇〇	證憑書無
	一二	新民縣師範學校長送別負擔	五〇〇	同上
九	一〇	仲秋節使用人及出入滿人へ心付	一九五〇	證第二號
		合計	五九五〇	

在奉天日本總領事館新民府分館

D

昭和十年度第二期分（自九月二十七日至同三十日）

滿洲事件費、機密費受拂報告書

收入

三七　前任者ヨリ引繼高

三七　後期ヘ繰越

在奉天日本總領事館新民府分館

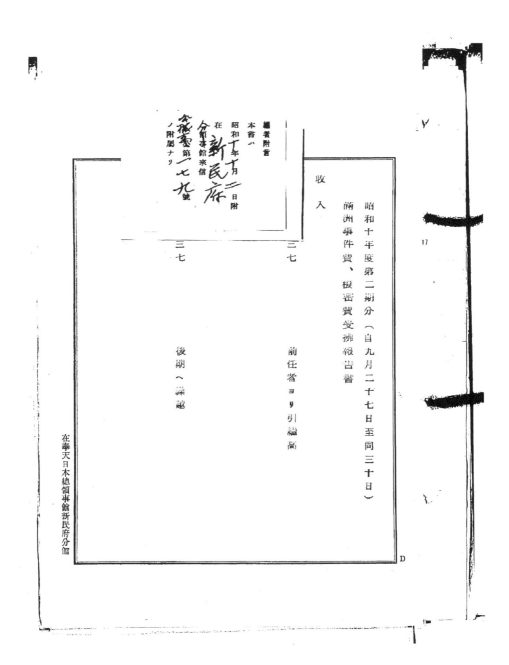

編者附言

本書ハ

昭和十年十月二日附

在新民府分館來信

分機密第一七九號

ノ附屬ナリ

昭和十年度第二期分（自九月二十七日至同三十日）
滿洲事件費、機密費受拂報告書

收入
金三〇圓三七　前任者ヨリ引繼高

支出
ナシ

差引殘高
金三〇圓三七　後期ヘ繰越

在奉天日本總領事館新民府分館

編者附言
本書ハ
昭和十一年二月三日附
在新民府分館領事館來信
機密公第一九號ノ附屬ナリ

…度第三期分滿洲事件費、機密費受拂報告書

前期ヨリ繰越高　…參七圓
臨時增額受入高　…〇〇圓
本期支拂高　…九〇圓
次期ヘ繰越　…四七圓

支出ノ内譯左ノ通

月	日	事由	金額	備考
一〇	二五	獨立守備隊戰歿者慰靈祭ニ花輪一個獻呈	七五〇	證第一號
	二九	新民府民會評議員並ニ邦人有力者招宴費（主客十二名）	壹八〇〇	證第二號

在奉天日本總領事館新民府分館

（分類 A.6.1.2.0.1-1-4）

昭和十年度第三期分滿洲事件費、機密費受拂報告書

收入

金參〇、參七圓　前期ヨリ繰越高

金壹五〇、〇〇〇圓　臨時增額受入高

支出

金七九、九〇圓　本期支拂高

差引殘高

金壹〇〇、四七圓　次期へ繰越

支出ノ內譯左ノ通

月日	事由	金額	備考
一〇 二五	獨立守備隊戰歿者慰靈祭ニ花輪一個獻呈	七五〇	證第一號
二九	新民府民會評議員並ニ邦人有力者招宴費（主客十二名）	壹八〇〇	證第二號

在奉天日本總領事館新民府分館

月	日	摘要	金額	證憑
一〇	二九	同上用煙草（大前門五個）	三〇〇	證第三號
	三一	宴會用麥酒（二打）	九八〇	證第四號
一一	一六	新民日滿倶樂部役員招宴支那料理一卓代（主客十名）	一三〇〇	證第五號
	一七	同上用支那酒（五斤）	九〇	證第六號
	二七	阜新縣阿部參事官一行招宴會（主客五名）	五五〇	證第七號
一二	二	義宮親王殿下御誕生奉祝會用日本酒（菊正宗五本）	七五〇	證第八號
	三	同上用「スルメ」（三百匁）	二五五	證第九號
	一八	奉天商埠地憲兵分隊長坂元少佐及滿洲側警務機關主腦者招宴（主客五名）	一二一五	證第一〇號
		合計	七九九〇	

在奉天日本總領事館新民府分館

編者附言
本書ハ
昭和十二年二月十九日附
在新民府分館来信
機密第二七號
ノ附属ナリ

十年度第四期分（自一月一日至
十九日）滿洲事件費、機密費受
告書

圓四七錢　前期ヨリ繰越高

金〇圓　本期支拂高

差引殘高
金七〇圓四七錢　後任者ヘ引繼高

支出ノ内譯左ノ通

在奉天日本總領事館新民府分館

昭和十年度第四期分（自一月一日至二月十九日）滿洲事件費、機密費受拂報告書

收入

金壹〇〇圓四七錢　前期ヨリ繰越高

支出

金參〇圓　本期支拂高

差引殘高

金七〇圓四七錢　後任者ヘ引繼高

支出ノ內譯左ノ通

在奉天日本總領事館新民府分館

月	日	事由	金額 圓	銭	備考
一	一六	大虎山、居留民會役員招待午餐日本料理代（主客七名）	八	四〇	證第一號
	〃	同上心附	一	六〇	
二	一三	新民日本守備隊東邊道方面討匪出動ヨリ歸還ニ付將士一同慰勞ノ爲ノ酒肴料	二〇	〇〇	證書徵收不能
		計	三〇	〇〇	

在奉天日本總領事館新民府分館

昭和十年度第四期分（自一月一日 至二月十九日）

宴會費、機密費受拂報告書（在新民府奉天總領事館分館）

宴會費	
招宴關係	ナシ

機密費（滿洲事件費）

	催宴招待回數人員	單價	金額	備考
在留邦人招宴	一 客六 主一	圓 一、二〇	圓 八四〇	一月十六日官邸
心付			一六〇	
贈與			二〇〇〇	新民獨立守備隊將士慰勞ノ爲
計			三〇〇〇	

在奉天日本總領事館新民府分館

在満大使館槐[illegible]

機密第九九號

昭和十一年八月四日

在新民府

分館主任　濱田源大

外務大臣　有田八郎殿

満洲事件費、機密費、受拂報告書提出ノ件

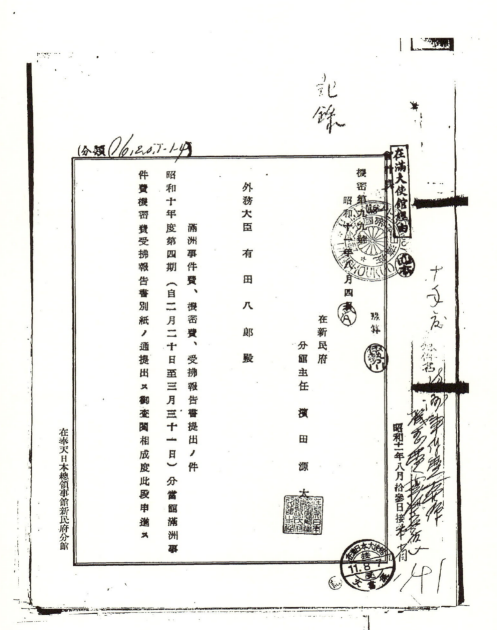

昭和十年度第四期（自二月二十日至三月三十一日）分當館満洲事件費機密費受拂報告書別紙ノ通提出ス御査閲相成度此段申進ス

在奉天日本総領事館新民府分館

昭和十一年八月拾參日接受

(分類06.12.0.T-1-4)

昭和十年度第四期（自二月二十日至三月三十一日）分
満洲事件費、機密費、受払報告書

収入

金七〇圓四七錢也　前任者ヨリ引継高

金二〇〇圓也　本期受高

支出

金一五〇圓〇八錢也

差引残高

金一二〇圓三九錢也　翌年度ヘ繰越

支出ノ内譯左ノ通

月日	事由	支出額	備考
三月十四日	着任披露宴支那料五卓	一〇五、〇〇	證第一號
〃	煙草十個	六、〇〇	證第二號
〃	支那酒	八、二八	證第三號
〃	満人給仕人（五名）心付	一〇、八〇	證第四號

在奉天日本総領事館新民府分館

三月十四日	日人給仕人（五名）心付	一〇、〇〇	當日各人ニ交付シタルニ付受領證ナシ
〃	料理人心付	一〇、〇〇	
計		一五〇、〇八	

在奉天日本總領事館新民府分館

在新民府總領事分館昭和十年度第四期（自二月二十日至三月三十一日）滿洲事件費、機密費計算書

事由	招宴回數	招待人員	單價	金額
着任披露宴 支那料理	一	六十一名招待 五〇名出席	圓 二、一〇	圓 一〇五、〇〇
支那酒				八、二八
煙草				六、〇〇
給仕人等心付				三〇、八〇
計				一五〇、〇八

在奉天日本總領事館新民府分館

(42)

在延吉分館

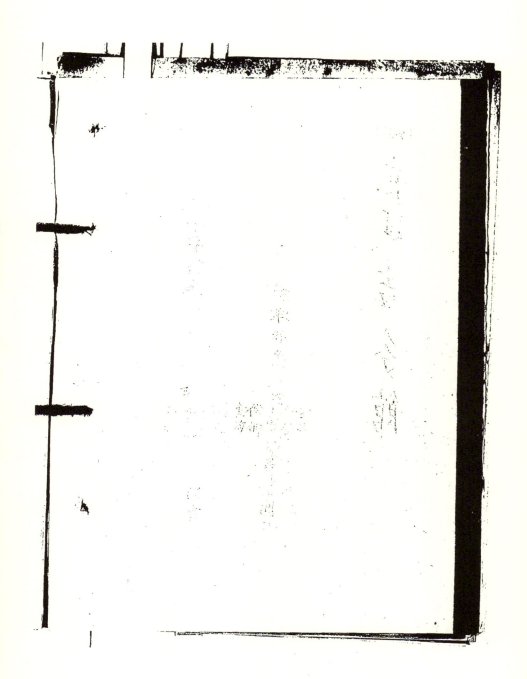

昭和十年度第二期
滿洲事件費機密費

六拾參圓六拾五錢也
表紙ヲ除キ證書六枚

在間島日本總領事館
延吉分館

編者附言
本書ハ
昭和十年十月九日附
在延吉分領事館來信
機密公第二〇八號
ノ附屬ナリ

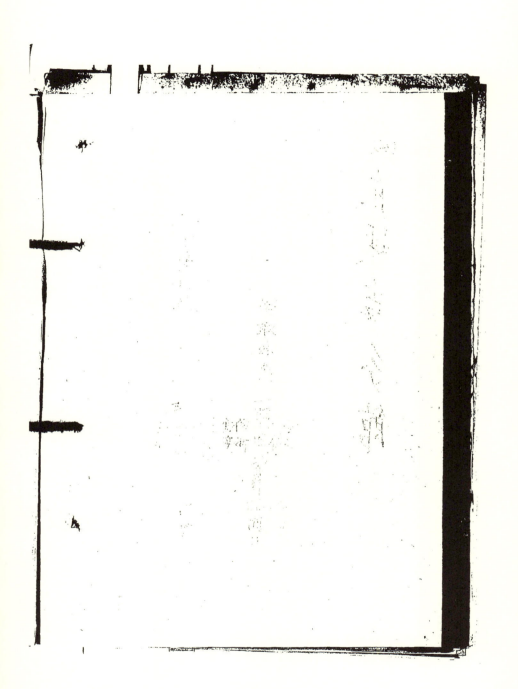

昭和十年度第二期
満洲事件費機密費

一金四百七拾参圓六拾五錢也

表紙ヲ除キ證書七枚

在間島日本總領事館
延吉分館

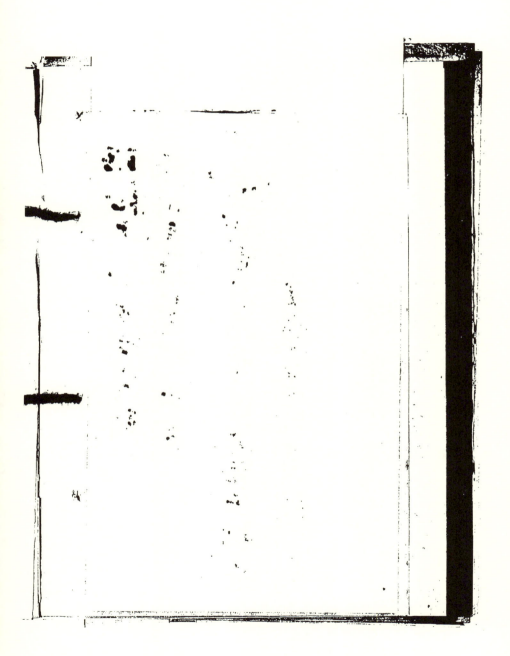

編者附書
本書ハ
昭和十一年一月十五日附
在延吉分領事館來信
機密公第一八號
ノ附屬ナリ

十年度第三期滿洲事件費機密費（館長用）受拂報告書

越高　金貳百拾貳圓七拾五錢也

入高　金壹百五拾圓也

拂高　金參百貳拾五圓八拾五錢也

三、差引殘高　金參拾六圓九拾錢也

支拂内譯左ノ通

支出月日	事由	金額	備考
一〇、一〇、九	新舊内地人民會議員十三名招宴費料理代料亭都拂	四五〇〇〇	證第一號
〃	同上藝妓代料亭よか樓拂	一〇〇〇〇	證第二號

在間島日本總領事館延吉分館

昭和十年度第三期滿洲事件費機密費（館長用）受拂報告書

一、受入

前期越高　金貳百拾貳圓七拾五錢也

本期受入高　金壹百五拾圓也

二、支拂

本期支拂高　金參百貳拾五圓八拾五錢也

三、差引殘高　金參拾六圓九拾錢也

支拂內譯左ノ通

支出月日	事由	金額	備考
10、10、九	新舊內地人民會議員十三名招宴費料理代料亭都拂	四五.000	證第一號
〃	同上藝妓代料亭よか樓拂	10.000	證第二號

在間島日本總領事館延吉分館

一〇、一、九	同上宴會用故間島大豆ノ改良、檢査取引ニ關スル懇談會ノ際煙草代啓東煙公司拂	一一、七五〇	證第三號
一〇、一〇、二二	十月七日吉林中野特務機關長來延ノ際日滿關係者七名招宴ノ料理、酒、藝妓代等一切	五二、九〇〇	證第四號
〃	十月九日新舊民會議員招宴ノ際藝妓代料亭吉妻拂	六、〇〇〇	證第五號
一〇、一〇、二三	同上僅宴ノ際酒一斗、サイダー一打半代福昌洋行拂	二九、二〇〇	證第六號
一〇、一一、三〇	十月二十日關東軍司令部洪中佐來延ノ際招宴費料理、酒、藝妓代等一切料亭よか樓拂	三二、〇〇〇	證第七號
〃	十一月二十八日金子少佐外十八名討伐ノ爲メ出動中凱旋ニ際シ招宴費料理、酒、藝妓代等一切料亭都拂	九〇、〇〇〇	證第八號
一〇、一二、三	鮮滿經濟提携號廣告料奉天每日新聞社拂	五、〇〇〇	證第九號
一〇、一二、一八	京城日報新年祝賀廣告料直島福治拂	一〇、〇〇〇	證第一〇號
一〇、一二、二六	警察廳、憲兵隊トノ連絡懇親會費用ニ對スル寄附金新岡連光拂	三五、〇〇〇	證第一一號
計		三二五、八五〇	

分類

編者附言
本書ハ、昭和十一年四月二十五日附
在延吉分領事館來信
機密第八九號
ノ附屬ナリ

延吉
四月廿五日附
機密第八九号
附属

昭和十年度第四期滿洲事件費機密費（館長用）受拂報告書

一、受入
前期越高　金參拾六圓九拾錢也
金參拾六圓九拾錢也

一、出
支拂高　金七拾五圓九拾錢也
金七拾五圓九拾錢也

不足　金參拾九圓也（公館長私金立替）

支出内譯左ノ通

日	事由	金額	備考
一一、二一四	新舊憲兵隊長外四名招宴費料理、酒、藝妓代等一切料亭よか樓拂	七五 九〇	證第一號

在間島日本總領事館延吉分館

分類 16

延吉 四月廿五日附 機密第八九号 附属

昭和十年度第四期滿洲事件費機密費（館長用）受拂報告書

一、受入

前期殘高　金參拾六圓九拾錢也

計　金參拾六圓九拾錢也

二、支出

本期支拂高　金七拾五圓九拾錢也

計　金七拾五圓九拾錢也

三、差引不足　金參拾九圓也（公館長私金立替）

支出内譯左ノ通

支出月日	事由	金額	備考
一一、二、一四	新舊憲兵隊長外四名招宴費料理、酒、藝妓代等一切料亭よか樓拂	七五・九〇〇	證第一號

在間島日本總領事館延吉分館

計	七五九〇〇

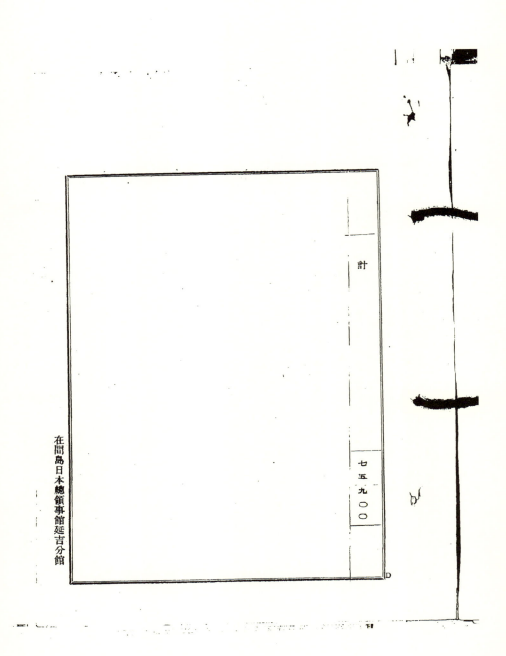

在間島日本總領事館延吉分館

門 0
類 6
項 2
目 0
號 1-1-4

昭和十年度

滿洲事件費關係雜纂

機密費

在滿支各館（乙）

第B巻

昭和十一年度

自　年　月　日

至　年　月　日

満洲事件費関係雑纂

機密費

在満支各館

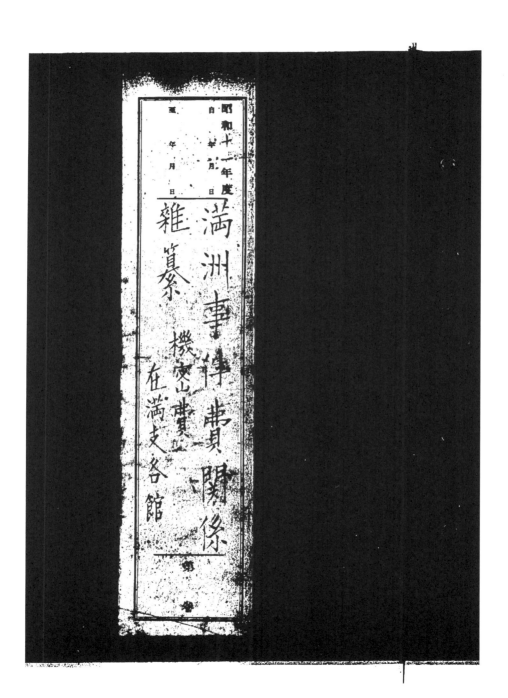

第　巻

昭和十一年度

満洲事件費関係

雑纂

機密費

在満支各館

第　巻

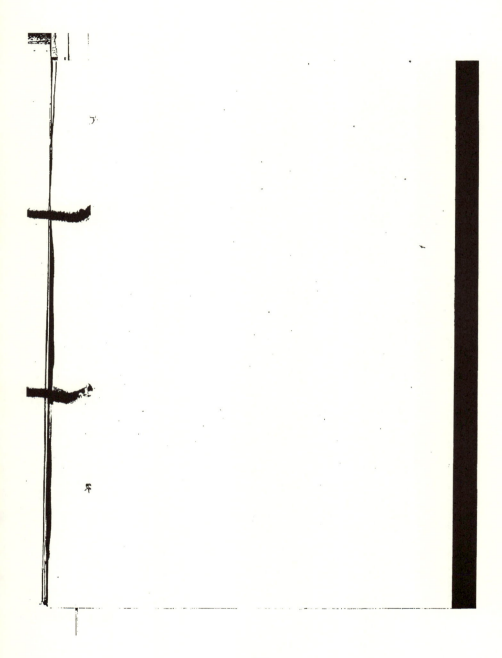

目次

（在滿洲、中華民國各館）

(一五)在間島總領事館
(一六)在南京總領事館
(一七)在芝罘領事館
(一八)在重慶領事館
(一九)在厦門領事館
(二〇)在蘇州領事館
(二一)在杭州領事館
(二二)在沙市領事館
(二三)在長沙領事館
(二四)在汕頭領事館
(二五)在九江領事館
(二六)在雲南領事館
(二七)在宜昌領事館
(二八)在蕪湖領事館
(二九)在鄭州領事館
(三〇)在營口領事館

(三一) 在安東領事館

(三二) 在チチハル領事館

(三三) 在滿洲里領事館

(三四) 在張家口領事館

(三五) 在赤峰領事館

(三六) 在鄭家屯領事館

(三七) 在錦州領事館

(三八) 在海拉爾領事館

(三九) 在綏芬河領事館

(四〇) 在承德領事館

(四一) 在新民府分館

(四二) 在延吉分館

(四三) 在頭道溝分館

(四四) 在琿春分館

(四五) 在掏鹿分館

(四六) 在通化分館

（四七）在山城鎮分館
（四八）在百草溝分館
（四九）在敎化分館
（五〇）在圖們分館
（五一）在白城子分館
（五二）在扶餘分館
（五三）在黑河分館
（五四）在坊子出張所
（五五）在博山出張所
（五六）在張店出張所
（五七）在山海關出張所
（五八）在上海商務參事館事務所

外務省

(11)

在新京総領事館

[illegible]

編者附書
本書ハ
昭和十一年八月十三日附
在新京總領事館來信
公第四四一號
ノ附屬ナリ

昭和十一年第一期分滿洲事件費、滿洲事件費密費受拂報告書

金六百拾壹圓七拾五錢也
前期繰越高　金拾壹圓七拾五錢也
本期受高　金六百圓也
金貳百貳拾壹圓八拾八錢也
金參百八拾九圓八拾七錢也

	摘要	受取人	支出額	備考
	二二六事件ニ關シ警察署員慰勞ノタメ	松茂洋行	一四〇〇	證第一號
四月三十日	仝	丸平洋行	一四〇八	證第二號
五月二十六日	飛行隊創立記念祝典御供物料	藤井久	二〇〇〇	證第四號
六月六日	厄國水平社解消同盟委員長ニ對スル餞損金	中野高一	五〇〇	證第五號
六月六日	滿洲國護國般若寺寄附金	中野高一	一〇〇〇	證第五號

在新京日本總領事館

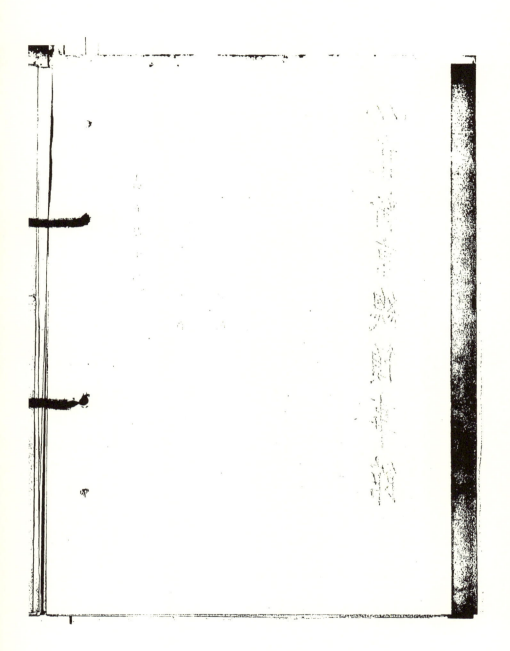

昭和十一年第一期分滿洲事件費、滿洲事件費
機密費受拂報告書

收入金 金六百拾壹圓七拾五錢也

前期繰越高 金拾壹圓七拾五錢也

本期受高 金六百圓也

支出金 金貳百貳拾壹圓八拾八錢也

差引金 金參百八拾九圓八拾七錢也

支拂月日	摘要	受取人	支出額		備考
四月三十日	二、二六事件ニ關シ警察署員慰勞ノタメ	松茂洋行	一四	〇〇	證第一號
四月三十日	仝	丸平洋行	四	〇八	證第二號
五月二十六日	飛行隊創立記念祝典御供物料	藤井久	二〇	〇〇	證第四號
六月六日	厄國水平社解消同盟委員長ニ對スル義捐金	中野高一	五	〇〇	證第五號
六月六日	滿洲國護國般若寺寄附金	中野高一	一〇	〇〇	證第五號

在新京日本總領事館

六月六日	建國訪日宣詔記念新京大運動會	森洋行	三五〇〇	證第六號
六月十五日	京吉間マラソン競爭大會寄附金	京吉マラソン大會	三〇〇〇	證第七號
〃	國境警備隊長歡送迎會費	中野高一	三〇〇〇	證第八號
六月十九日	春季招魂祭供榊料	佃竹次郎	二〇〇〇	證第九號
〃	實業部大臣丁鑑修家葬儀ニ供ヘタル花籠料	〃	一〇〇〇	證第十號
六月二十九日	新京朝鮮人民會引繼ニ際シ關係者招待	鹿鳴春	四三八〇	證第十一號
	合計		二廿一八八	

在新京日本總領事館

昭和十一年第一期分在外居留民臨時保護取締費
事務費、機密費受拂報告書

収入金　金貳百五拾圓也

前期繰越高　無シ

本期受高　金貳百五拾圓也

支出金　金九拾圓也

差引金　金壹百六拾圓也

支出内譯左ノ通リ

支拂月日	摘要	受取人	支出額	備考
六月二十四日	警察機密費四五六月分	西見正市	九〇〇〇	證第一號
	合計		九〇〇〇	

在新京日本總領事館

キロク

在滿大使館經由

昭和十二年貳月參日接受

會計課

豫算

公機密第三五號

別紙添附

昭和十二年一月二十八日

在新京

總領事代理 中野高

外務大臣 有田八郎殿

昭和十一年度滿洲事件費機密費受拂報告書提出ノ件

昭和十一年度第二期分事件費、機密費受拂報告書同附屬證憑書左記ノ通リ提出ス

記

一、滿洲事件費機密費受拂報告書第二期分　一通

一、同附屬證憑書（其一、其二）　二冊

本信寫送付先　在滿大使

在新京日本總領事館

昭和十一年度第二期分滿洲事件費、滿洲事件機密費
受拂報告書

收入金　金八百七拾九圓八拾七錢也

前期繰越高金參百七拾九圓八拾七錢也

本期受入高（金四百圓也（三笠、竹田兩宮殿下御警衛機密費）
　　　　　（金壹百圓也（日滿條約調印祝賀費）

支出金　金六百貳拾參圓貳拾錢也

差引金　金貳百五拾六圓六拾七錢也

支出内譯左記ノ通リ

記

支拂月日	摘要	受取人	支出額	備考
七月二十三日	新京警備隊慰靈祭御供料	佃竹次郎	✓二〇〇〇	其壹證第一號
七月三十日	萬寶山農務稧理事金龍玉夫人慰靈金	谷哲次	✓一〇〇〇	〃 第二號

在新京日本總領事館

八月三日	男女川一行相撲來京ニ際シ日本刀一個寄附	井上刀劍店	四五〇〇	其壹證第三號
八月六日	朝鮮總督府當館派遣員具男會氏死亡御供花輪代	加藤葬儀店	一〇〇〇	〃第四號
八月十日	長谷川、山崎部隊合同慰慰祭供花輪代	東司治喜藏	一〇〇〇	〃第五號
八月二十日	日滿條約調印祝賀會負擔金	居留民會	九八二〇	〃第六號
九月二十六日	新京秋季忠靈塔祭御供代	新彩社	一五〇〇	〃第七號
九月二十八日	寛城子記念碑除幕式慰靈祭御供料	地方事務所	一五〇〇	〃第八號
	小計		二二三二〇	
七月一日	三笠宮殿下御警衛機密金	岡田佳人	五〇〇〇	其貳證第一號
〃	〃	西見正市	五〇〇〇	〃第二號
〃	〃	井田宗詳	五〇〇〇	〃第三號
〃	〃	菊地潔	五〇〇〇	〃第四號
九月五日	竹田宮殿下御警衛機密金	西見正市	五〇〇〇	〃第五號

在新京日本總領事館

九月五日	竹田宮殿下御警衛機密金	岡田佳人	五〇	〇〇	其貳證第六號
〃	〃	松林定次	五〇	〇〇	〃第七號
〃	〃	塔尾強	五〇	〇〇	〃第八號
	小計		四〇〇	〇〇	
	合計		六二三	二〇	

在新京日本總領事館

在滿大使館經由

會計課
公機密第一八號

昭和十二年四月二日

在新京
總領事代理　尾形昭

外務大臣　佐藤尚武殿

昭和十一年度滿洲事件費、機密費受拂報告書提出ノ件

昭和十一年度第參期分事件費、機密費受拂報告書同附屬證憑書左記ノ通リ提出ス

記

一、滿洲事件費、機密費受拂報告書第三期分　一通
一、同附屬證憑書（其一、其二）　二冊

本信寫送付先　在滿大使

在新京日本總領事館

昭和十二年四月[illegible]

昭和十一年度第三期分満洲事件費、満洲事件費機密費
受拂報告書

收入金　金壹千貳百九拾六圓六拾七錢也

前期繰越高　金貳百五拾六圓六拾七錢也

本期受入高　金六百圓（交際費、第三、四期分）

金百四十圓（交際費臨増分）

金三百圓（閑院宮殿下御警衛機密費及二二六事件處理ニ關シ下級職員慰勞金）

支出金　金九百四拾圓貳拾參錢也

差引金　金參百五拾六圓四拾四錢也

支出內譯左記ノ通リ

支拂月日	摘要	受取人	支出額	備考
十月二十七日	九月十五日新京神社大祭御供菓子料	峯直	一五〇〇	其一證第一號
十一月九日	九月十五日新京神社大祭御供御酒料	丸平洋行	五四一八	其一證第二號
十月二十二日	新京朝鮮人民會理事朴春燮氏退職記念品	申榮雨	一〇〇〇〇	其一證第三號

在新京日本總領事館

十二月十三日	北滿出動部隊遺骨五十八柱（歩兵少尉有田龍馬外五十七柱）通夜御供料	峯直	六	〇〇	其一證第四號
十二月十六日	十二月六日駐滿海軍部司令官閣下送別會々費（於ヤマトホテル）	新京事務局	一五	〇〇	其一證第五號
十二月十六日	十二月十五日副官部中村少佐告別式御供花輪	佃竹次郎	一〇	〇〇	其一證第六號
十二月十六日	新京大同報社主催ピンポン大會助成費	大同報社	一五	〇〇	其一證第七號
十二月十七日	殉職縣旗參事官追悼御供花輪	佃竹次郎	一〇	〇〇	其一證第八號
十二月十八日	南嶺西王戸一氏善行表彰寄贈木盃	森洋行	一五	〇〇	其一證第九號
十二月十四日	朝鮮人民會新評議員招待	鹿鳴春	一五八	八〇	其一證第十號
十二月二十日	關東學生相撲聯盟對立試合寄贈銀盃	森洋行	二〇	〇〇	其一證第十一號
十二月七日	農安民會長宗他招待	新京	三九	三五	其一證第十二號
十二月一日	明治節拜賀式用酒スルメ代	丸平洋行	二〇	〇〇	其一證第十三號

在新京日本總領事館

十二月二十四日	新聞記者團倶樂部員招待	開花	二五一九〇	其一證第十四號
	計		六四〇二三	
十月二十一日	閑院宮殿下御警衛機密費	木下寛祐	一〇〇〇〇	其二證第一號
十月二十一日	〃	高橋守藏	一〇〇〇〇	其二證第二號
十一月十六日	二、二六事件事務處理ニ關スル下級職員慰勞費	橋本石太	一五〇〇〇	其二證第三號
〃	〃	下田護	一五〇〇〇	其二證第四號
	計		三〇〇〇〇	
	合計		九四〇二三	

在新京日本總領事館

新聞記者團懇談會開催

十二月二十四日　於開花

出席者

新京日日	中島殿	大毎	山中殿
同	伊藤殿	新京署	猪苗代署長殿
大新京	中島殿	同	岡田殿
商工日報	鈴木殿	同	岡野殿
國通	櫻川殿	同	菊地殿
同	高林殿	同	戸出殿
滿日	河上殿	中野領事	
奉天	小林殿	花輪領事	
奉每	黑川殿	中島領事	
滿蒙日報	崔活殿	中村書記生	
大朝	山本殿		

在新京日本總領事館

分類 D.2.0.1-1-4

キロク

會計課

公機密第一八〇號（在滿大使館經由）　別紙添附

昭和十二年五月十九日

在新京
總領事代理　柴崎白

外務大臣　佐藤尚武殿

昭和十一年度滿洲事件費機密費受拂報告書提出ノ件

昭和十一年度第四期分事件費、機密費受拂報告書同附屬證憑書左記ノ通提出ス

記

一、滿洲事件費、機密費受拂報告書第四期分　一通
一、同附屬證憑書　一冊

在新京日本總領事館

昭和十二年五月廿九日接受

昭和十一年度第四期分滿洲事件費
滿洲事件費機密費受拂報告書

收入金六百六圓四拾四錢也

前期繰越高　金三百五十六圓四十四錢也

本期受入高　金二百五十圓也（年中行事經費負擔金臨増分）

支出金六百三圓拾錢也

差引金參圓參拾四錢也

支出内譯左ノ通

支拂月日	摘要	受取人	支出額	備考
一月六日	新京消防出初式祝儀	中野高一	一〇〇〇	證第一號
一月八日	慶雲寺御供料	〃	五〇〇	證第二號
一月十一日	鹿嶋法院長招待	桃園	六六三五	證第三號
二月十六日	新京神社幣帛料	中村正文	二〇〇〇	證第四號

在新京日本總領事館

二月廿五日	紀元節行事諸經費負擔分	滿鐵新京事務局	✓	一四五四七	證第五號
三月十一日	萬壽節行事分擔金	市公署	✓	三九四三	〃〃六〃
二月十七日	張煥將軍他招待	松、翠	✗	六三三〇	〃〃七〃
三月廿五日	陸軍記念日奉祝行事負擔分	滿鐵新京事務局	✓	四七六五	〃〃八〃
三月廿六日	中野領事轉任挨拶ノ爲メ招宴	ヤマトホテル	✓	一五六〇〇	〃〃九〃
三月卅一日	大穂參事官遺骨御供料	佃竹次郎	✓	一〇〇〇	〃〃十〃
〃	上條部隊慰靈祭御供料	〃	✓	一〇〇〇	〃〃十一〃
〃	建國記念日祝賀會費	滿鐵新京事務局	✗	二〇〇	〃〃十二〃
〃	陸軍記念日祝賀會費	〃	✗	三〇〇	〃〃十三〃
三月十五日	轉任ノ木下警部他招待	松翠	✗	二四九〇	〃〃十四〃

在新京日本總領事館

合計	六〇三	一〇

本信寫送付先　在滿大使

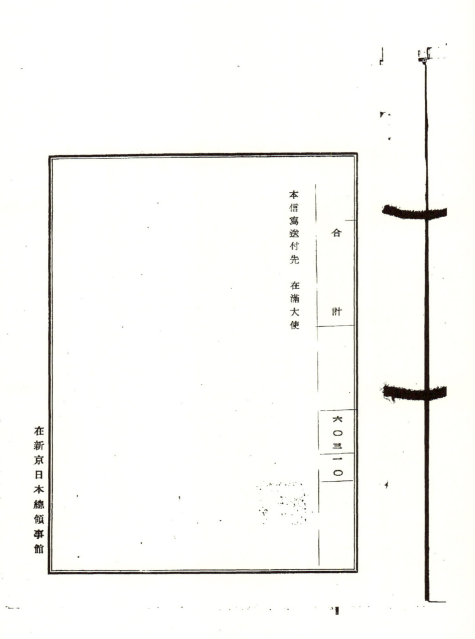

在新京日本總領事館

(14)

在吉林總領事館

(卅)[illegible]吉林[illegible]事[illegible]

分類 01,12.0.1-1-5

編者附言
本書ハ
昭和七年七月三十日附
在吉林
総領事館来信
機密第二七一號
ノ附属ナリ

(二) 満洲事件費機密費受払報告書

在吉林日本総領事館

一 …節費用

…金千円也 本期受入高

…百七拾参円九拾銭也 本期支払高

…弐拾六円拾銭也 次期ヘ繰越

内譯左ノ通

	摘要	金額	備考
四、二〇	…卓（クレーブンスピア）	七八 八〇	
〃	…鮮人手當	五〇 〇〇	
〃	料理代（所諸）	一八五 〇〇	
〃	仝（仝）	一八五 〇〇	
〃	飲料（ブランデー）	二六 五〇	

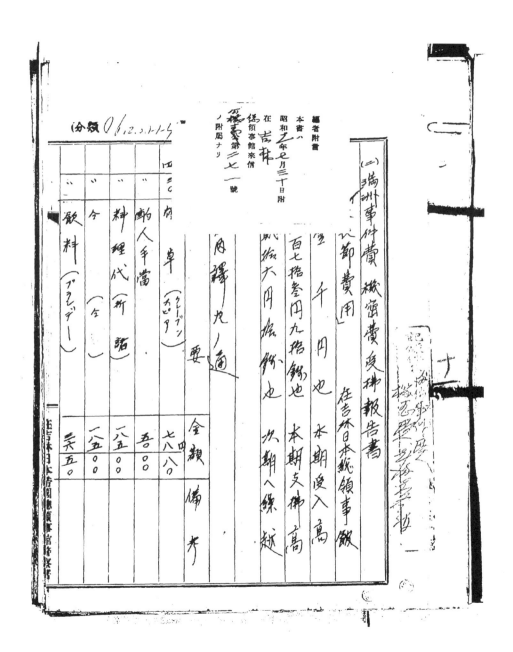

在吉林日本帝国総領事官舎用箋

(三) 与古林製紙事簿

（分類 01.12.3.1-1-4）

(二)満洲事件費 機密費支払報告書

在吉林日本総領事館

収入 金壱千円也 本期受入高

支出 金九百七拾参円九拾銭也 本期支払高

差引 金弐拾六円拾銭也 次期ヘ繰越

支出ノ内訳 左ノ通

支払月日	摘要	金額	備考
四 二〇	煙草（クレーブン カピタ）	七八 八〇	
〃	助人手当	五〇 〇〇	
〃	料理代（新諸）	一八五 〇〇	
〃	仝（仝）	一八五 〇〇	
〃	飲料（ブランデー）	二六 五〇	

月	日	摘要	金額
四	一九	飲料（ウイスキー、葡萄酒、日本酒）	七〇八〇
	二〇	印刷物（招待状用封筒）	六〇〇
	〃	〃（招待状）	二〇〇〇
五	二〇	飲料（麦酒及日本酒）	一九六〇〇
六	二二	昆布、スルメ、日本酒	一五八〇
	三〇	餞別謝礼	六〇〇〇
	〃	料理（折詰）	五〇〇〇
計			九七三九〇

六、満洲事件費機密費（普通機密費）受払報告書

在吉林日本総領事館

収入　金壱百円也　本期受入高

支出　金九拾壱円四拾七銭也　本期支払高

差引　金六円五拾参銭也　次期ヘ繰越

支出ノ内譯左ノ通

支払月日	摘要	金額	備考
五　二六	井手大佐（憲副顧問）送別宴	円 四一八〇	
〃	竹下関東軍司令部第三課長招待	二九九五	
〃	草場鉄路局顧問大佐招待	一九七二	
計		九三四七	

[illegible]

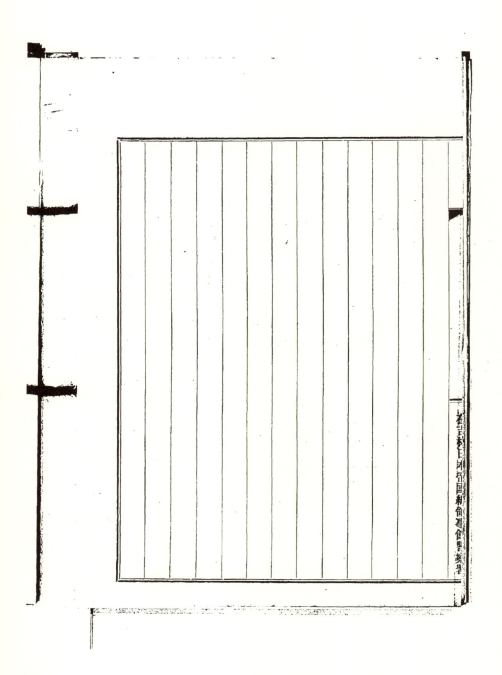

四、満洲事件費機密費（交際費）受払報告書　在吉林日本総領事館

第一期分

収入　金壹百円也　本期受入高

支出　金壹百四拾七円七拾五銭也　本期支払高

差引（不足）金四拾七円七拾五銭也　次期ヘ繰越

支出ノ明細左ノ通

支払月日		摘要	金額	
五	一八	縣参事官会議出席ノ為来吉ノ部内各道員一行招待	六三	四五
	二九	山本徴兵官一行招待	八四	三〇
計			一四七	七五

記録

(分類 D6.2.0.1-1-4)

在滿大使館經由

會計課

公機密第一五五六號

昭和十一年十月二十四日

在吉林
總領事　森岡正平

別紙添附

昭和十一年十一月拾弐日接受

外務大臣　有田八郎殿

第二期分滿洲事件費機密費受拂報告ノ件

當館昭和十一年度第二期分滿洲事件費機密費受拂報告書同計算書各一部並附屬證憑書三册別添ノ通提出スルニ付御査閲相成度

本信寫送付先、在滿大使

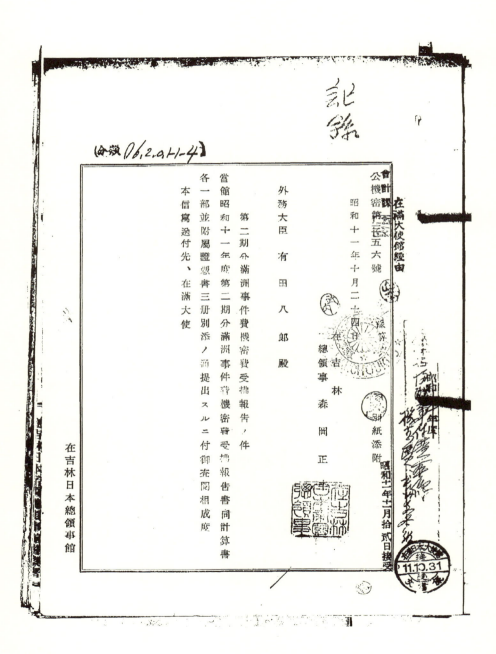

在吉林日本總領事館

（在吉林日本總領事館）機密費計算書「第二期分」

瑞典事件費（款項）機密費（目）「天長節費用、普通機密費及交際費」關係

	催宴回數	招待人員 邦側	招待人員 主人側	單價	金額	
招宴關係						
邦人視察者招宴	一	三	一		三九	三三
在国要人招宴	二	三	四		六六	〇〇
在地々方官招宴	二	一二	二		一二七	八〇
在留邦人招宴	三	三七	四		三二一	七一
雜招宴	一	五	一		八〇	三六
煙草購入代					三七	二〇
諸會費					二〇〇	〇〇
寄附金					八〇	〇〇
其他					一	四〇

計　九六〇一二　九五三八〇

明細書

	催宴月日	宴会場	招待人員	料理代	酒、飲料	花代	遊興税	心付	雑費	計
普	七月[illegible]日	金花	井上陸軍中将外二名	二〇〇〇	九二五	九六〇	四八			三九三三
交	六月[illegible]日	博多屋	宮本参事官	一七四〇	四四〇	二四〇	一二		一〇〇	二五三二
〃	九月[illegible]日	金花	伊藤警察部長外一名	二二〇〇	八六〇	九六〇	四八			四〇六八
普	八月[illegible]日	博多屋	松本五週部大阪長外七人	五〇〇〇	二一四〇	一六〇〇	八〇			八八二〇
交	〃十[illegible]日	金花	尾高司令官外二名	二〇〇〇	七〇〇	一二〇〇	六〇			三九六〇
ハ	六月二十[illegible]日	博多屋	斎藤料長	一四七〇	四八五	七二〇	三六		五〇	二七六一
普	六月二十[illegible]日	警石あさひ家	大府島司令長外二人	八五〇〇	二六七〇	二六〇〇		一五〇〇		一五二七〇
〃	七月二十[illegible]日	金花	稲村司令長外十五人	七五〇〇	一六〇〇	四八〇〇	二四〇			一四一四〇
〃	八月二十[illegible]日	博多屋	中野協和会専務長外	三五〇〇	二五二〇	一九二〇	九六			八〇三六

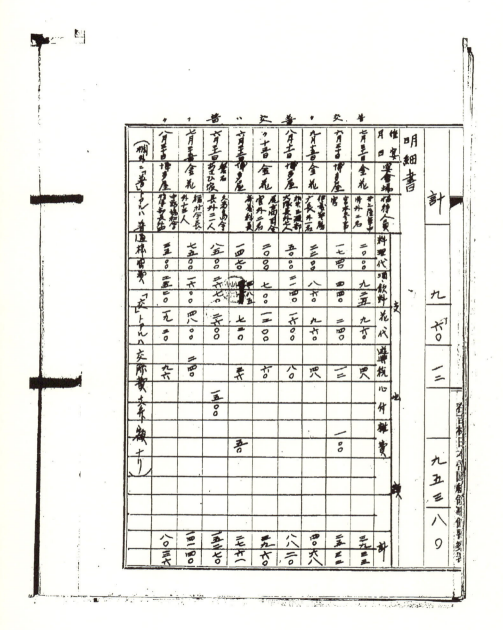

（欄外ニ「普」トアルハ普通接待費「交」トアルハ交際費支弁額ナリ）

第弐期分満洲事件費機密費受払報告書

「天長節費用」

在吉林日本領事館

収入 零 本期受入高

金弐拾六円拾銭也 前期越高

計 金弐拾六円拾銭也

差 金弐拾六円拾銭也 本期支払高

支出ノ内訳ノ左ノ通

支払月日	摘要	金額（円）	金額（銭）	備考
七 二	雑費 天長節奉祝準備ノ際傭人宛支給ノ食事代	一	四〇	
九 一八 二〇	接待タバコ 二箱	二四	七〇	二五円ノ處本費不足ニ付内額二〇銭ヲ館長支辨ス
	計	二六	一〇	

第弐期分普通機密費（満洲事件費「款項」科目費）受拂報告書

在吉林日本總領事館

收入　金八百参拾円也（第三期分ヲ含ム）　本期受入高

金七円五拾参銭也　前期越高

計金八百参拾七円五拾参銭也

支出　金七百八拾壱円九拾九銭也　本期支拂高

差引　金五拾四円五拾四銭也　次期へ繰越

支出ノ内譯左ノ通

支拂月日	摘要	金額	備考
二 五	治外法権一部撤廃條約調印紀念祝賀會費	二〇〇.〇〇	
〃	松井、工藤両大隊長送別及後任大隊長歓迎	八八.二〇	
二 六	日満條約調印祝賀會寄附金（除右分）	一五〇.〇〇	
二 三	右仝（[illegible]旬ノ分）	三〇〇.〇〇	

在吉林日本帝国總領事館

月	日	事項		
八	二九	井上陸軍中将招宴	三九	三五
九	二六	八月三〇日中野協和会指導部長、三谷首都警察本部長及[illegible]特務機関長招待	八〇	三六
	二八	六月三日盤石ニ於テ日満協和ノ趣旨説明ノ為地方有力者招待	一五二	七〇
九	三〇	七月二十五日[illegible]趣旨説明ノ為民間有力者招待	一四一	四〇
計			七八一	九九

「普通機密費」

昭和十一年度第二期分
満洲事件費（款、項）機密費

金七百八拾壹円九拾九拾九拾銭也

證書紙數　八枚

在吉林日本總領事館

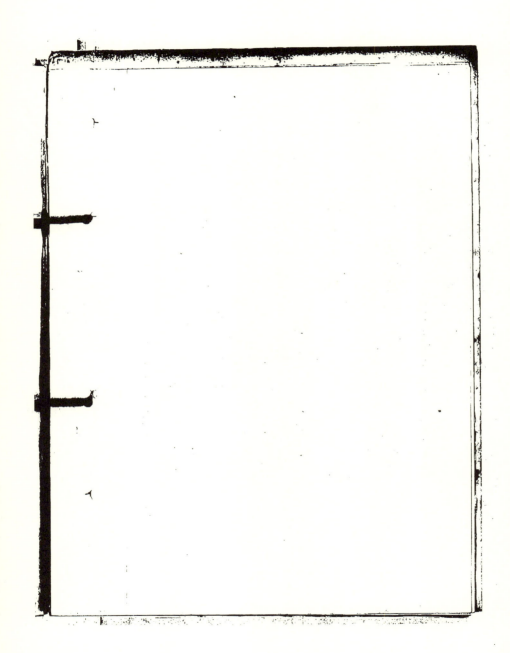

第二期分交際費（「満洲事件費（款項）」機密費）受拂報告書

在吉林日本總領事館

收入　金貳百円也（第三期分ト合ム）　本期受入高

支出　金壹百四拾五円七拾壹錢也　本期支拂高

金四拾七円七拾五錢也　前期不足高

計　壹百九拾參円四拾六錢也

差引　金六円五拾四錢也　次期ヘ繰越

支出ノ内譯左ノ通

支拂月日	摘要	金額
八 一五	六月二十六日 奉省満鉄監理科長招待	二七 六一
〃	六月三十日 宮本樺甸縣参事官招待	二五 三二
二九	八月十三日 尾高司令官及幕僚招待	四九 六〇

月日	摘要	金額
九 二五	接待用タバコ	一二五〇
二八	九月十五日 伊藤警務課長外五名懇親会	四〇六八
計		一四五七一

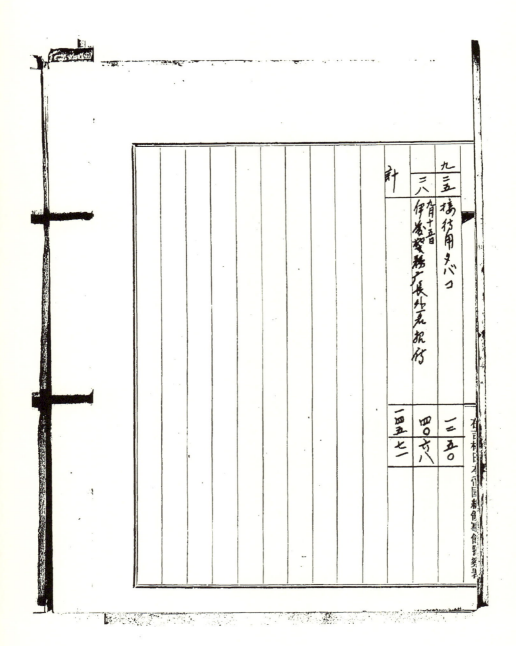

在吉林日本帝国総領事館警務署

昭和十一年度第二期分
満洲事件費（款、項）機密費「交際費」
金壹百四拾五円七拾壹銭也
證書紙数　五枚
在吉林日本總領事館

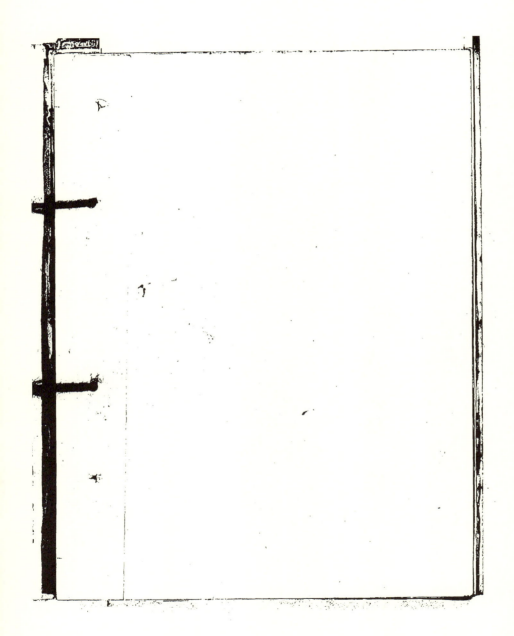

キロク

（分類 06.12.1.1-4）

在滿大使館受理

昭和十二年壹月廿五日接受

公機密第一九號

昭和十二年一月十四日

在吉林
總領事 森岡正平

別紙添附

外務大臣 有田八郎殿

滿洲事件費機密費第三期分受拂報告ノ件

當館昭和十一年度第三期分滿洲事件費機密費受拂報告書同計算書各一部並附屬證憑書二冊別添ノ通提出スルニ付御査閲相成度

本信寫送付先 在滿大使

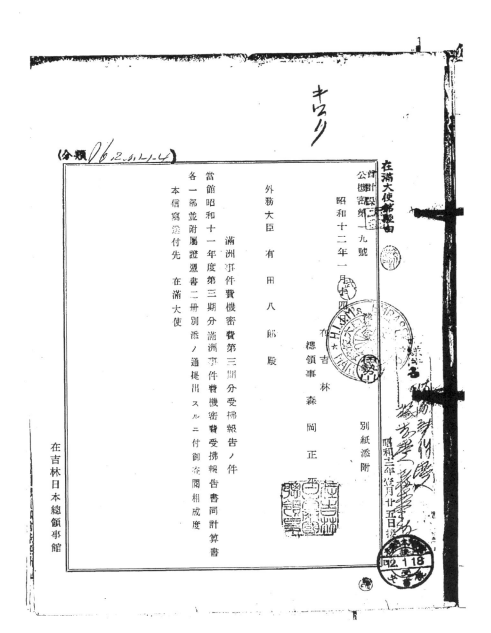

在吉林日本總領事館

昭和十一年度第三期分満洲事件費特殊費受払報告書

（普通特殊費）　右本日迄總額ヲ候

収入　金壹百円也（當期分）　本期受入高

金五拾四円五拾四銭也　前期越高

計金壹百五拾四円五拾四銭也

支出　金壹百五拾貳円九拾七銭也　本期支払高

差引　金壹円五拾七銭也　後期ヘ繰越

支出ノ内訳左ノ通

一〇二七	防諜打合會議関係者接待	六四 九一
同	松井子爵接待	二六 一〇
一二二三	満拓木下理事一行接待	六一 九六
	計	一五二 九七

在吉林日本帝國總領事館警察署

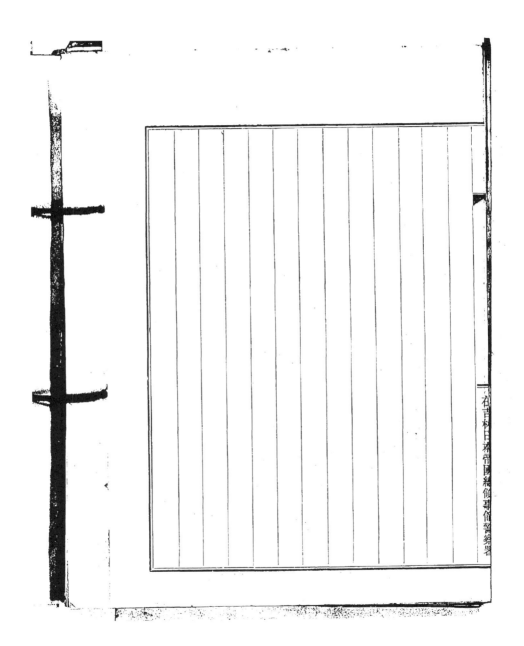

昭和七年度第三期分満洲事件費機密費受払報告書

在吉林日本總領事館

「交際費」

収入　金壹百円也　本期受入高

金六円五拾四銭也　前期越高

計金壹百六円五拾四銭也

支出　金四拾四円四拾壹銭也　本期支払高

差引　金六拾貳円拾参銭也　後期ヘ繰越

支出ノ内訳左ノ通

支払月日	摘要	金額	備考
一二・二三	尾高司令官外一名招待	四四・四一	
計		四四・四一	

在吉林日本總領事館警察署

在京城日本帝國總領事館用箋

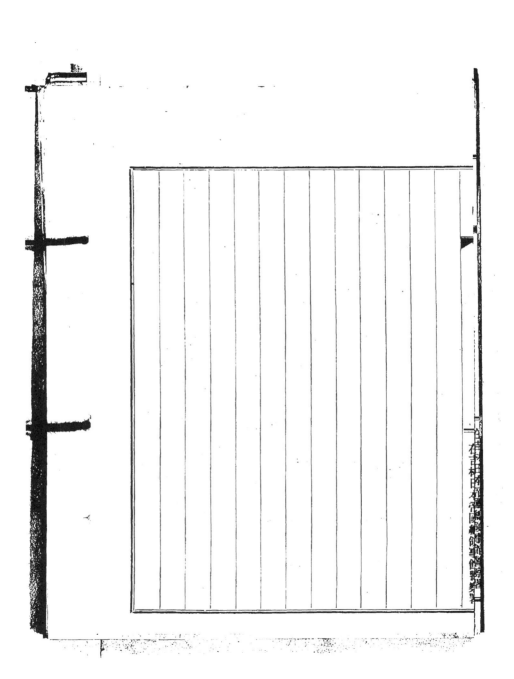

（在吉林日本総領事館）満洲事件費機密費計算書「第三期分」

普通機密費及交際費関係

摘要	催宴回数	招待人員（招待客）	招待人員（主人側）	単価	金額 円
招待関係					
邦人視察者招待	二	七	二		八八・六
在地方官憲招待	一	三	二		六四九一
雑宴	一	二	一		四四四一
計					一九七三八

明細書

催宴月日	宴會場	招待人員	支出内訳 料理代	酒・飲料代	花代	代理人謝金	休憩	實菓物		計
一月一日	金花	加藤参謀長外二名	二八〇〇	一六七五	一九二〇	九六			（[illegible]）	六四九一
一〇月二六日	横浜飲店	石井参謀外五名	四〇〇	七一〇			五〇〇〇（以上計五百円ヲ内半額負担ス）		（右全）	二六一〇
一一月二六日	博多屋	木下編輯長外二名	二四〇〇	一二八〇	一九二〇	九六		五〇〇	（右全）	六一九六
三月一五日	仝	倉田司令官外一名	一七三〇	一〇六五	一五二〇	七六		五〇	（実際費）	四四四一
計										一九七七六

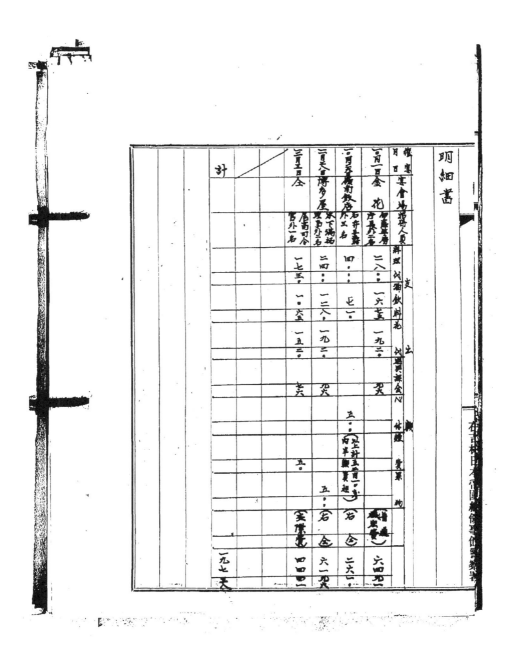

昭和十一年度　第三期分
満洲事件費満洲事件費　機密費
（普通機密費）
金壹百五拾貳圓九拾七銭也

證書紙數　三枚

在吉林日本帝國總領事館

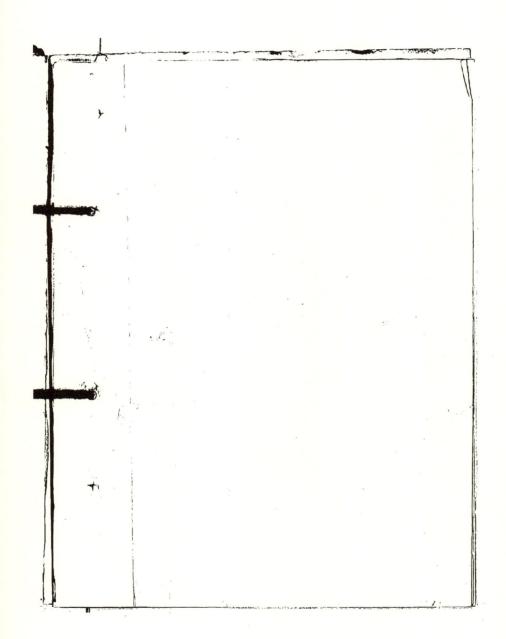

（分類 06.2.0.1-1-14）

編者附言
本書ハ
昭和七年四月十九日附
在吉林総領事館来信
公第一一九号
ノ附属ナリ

満洲事件費機密費（普通機密費）受払報告書

在吉林日本総領事館

前期越高　円五拾七銭也
本期支払高　円五拾七銭也

ノ内訳左ノ通

要	金額	摘要
	一五七	二月二〇日内報七三号 館長支弁
小計	一五七	

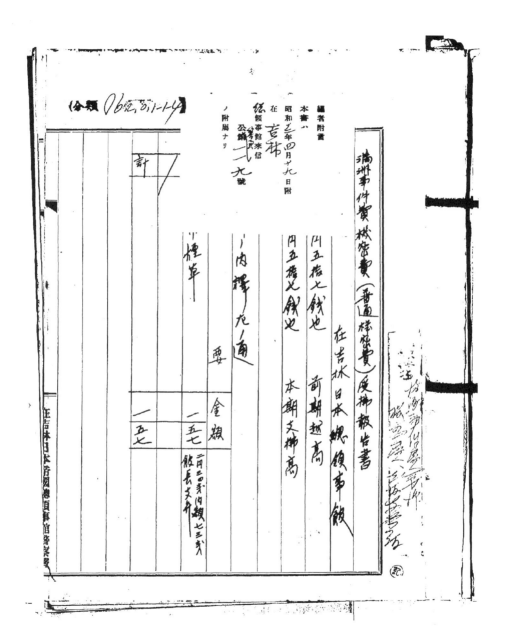

在吉林日本総領事館

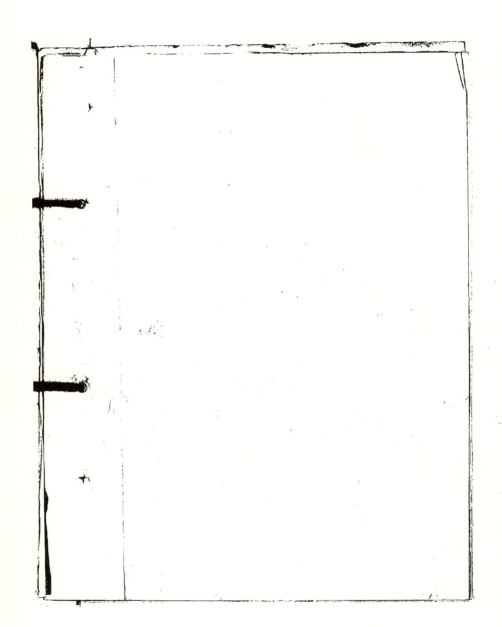

（分類 06記.071-1-4）

満洲事件費機密費（普通機密費）受払報告書

在吉林日本総領事館

受入 金壱円五拾七銭也 前期越高

支払 金壱円五拾七銭也 本期支払高

差引 零

支払ノ内訳左ノ通

支払月日	摘要	金額	
三 二〇	接客用煙草	一 五七	二月二〇日内報七三号 館長支弁
計		一 五七	

在吉林日本総領事館

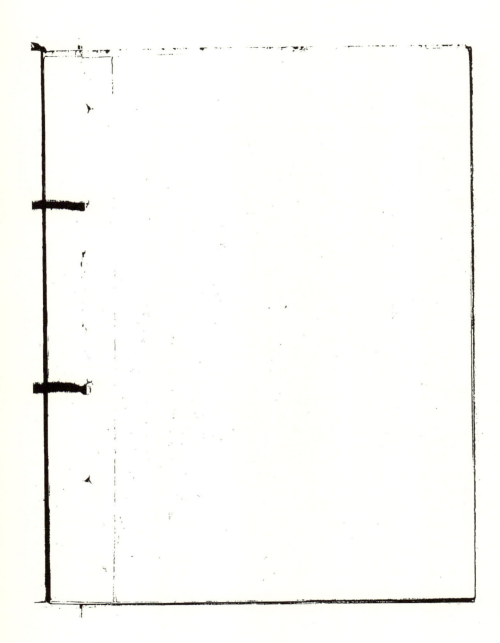

満洲事件費機密費（交際費）受払報告書

在吉林日本総領事館

受入　金七百円也　本期受入高

金六拾貳円拾参銭也　前期越高

計金七百六拾貳円拾参銭也

支出　金七百六拾貳円拾参銭也　本期支払高

差引　零

支出ノ内訳左ノ通

支払月日	摘要	金額	備考
一　二二	三谷総務庁長招待	五二円二二	
三　二九	新旧飯長交迭披露宴	七〇〇〇〇	
三　三〇	接客用平野水	九円九一	二〇円九二銭内額一一円〇二銭飯長支弁
計		七六二円一三	

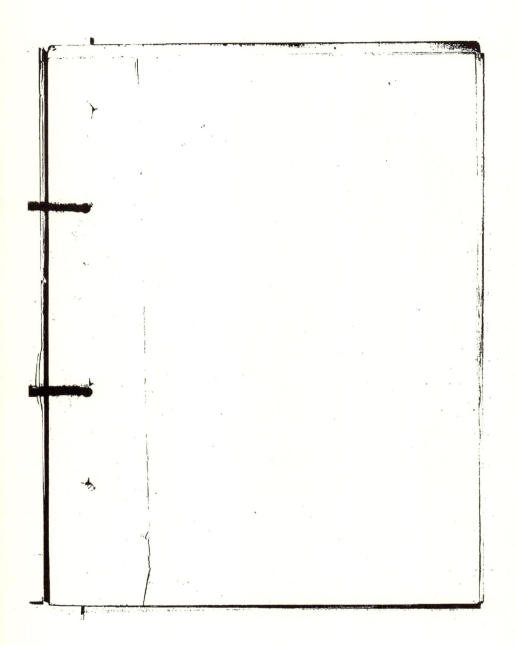

(15)

在間島總領事館

機密費 在満大使館經由

不要記

昭和拾壹年度第壹期分館長交際費受拂報告書

滿洲事件費（款項）機密費（目）

金四百圓也　第壹貳期分受入高

金參百九拾六圓九拾壹錢也　本期支拂高

錢也　差引殘高

ノ内譯左ノ通リ

要支出額		備考
機密費不足補塡	二一一	
白鶴一升瓶詰六本（宴會用）	一七四〇	證第一號
ビール四打入壹函（宴會用）	一八〇〇	證第二號
二十…長節官民合同奉祝會ヘ寄附	一〇〇〇〇	證第三號

在間島日本總領事館

分類 A.6.2.0.1-1-4

編者附言

本書ハ

昭和十一年十月十二日附

在間島総領事 ~~在滿大使館~~來信

公信第一二二七號

ノ附屬ナリ

原書ハ　ニアリ

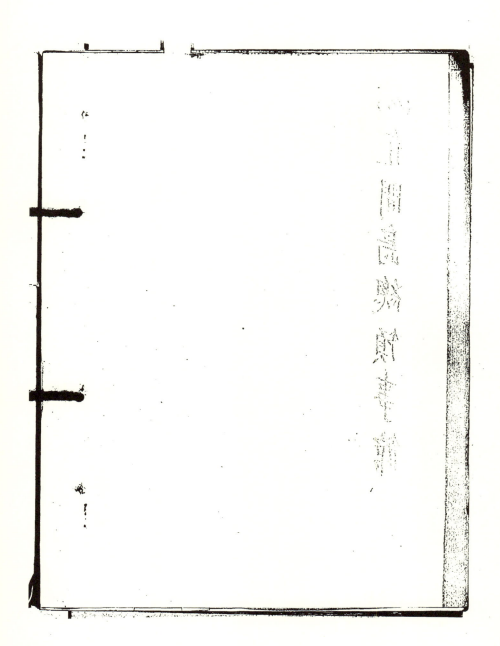

分類

昭和拾壹年度第壹期分館長交際費受拂報告書

滿洲事件費（款項）機密費（目）

金四百圓也　第壹貳期分受入高

金參百九拾六圓九拾壹錢也　本期支拂高

金參圓九錢也　差引殘高

支出ノ內譯左ノ通リ

支出月日	摘要	支出額	備考
四、一	十年度機密費不足補塡	二一一	
〃、九	日本酒白鶴一升瓶詰六本（宴會用）	一七四〇	證第一號
〃、一二	キリンビイル四打入壹函（宴會用）	一八〇〇	證第二號
〃、二九	天長節官民合同奉祝會ヘ寄附	一〇〇〇	證第三號

在間島日本總領事館

在滿大使館經由

五	八	朝鮮軍司令部參謀大野宣明招待	四二五〇	證自第四號至第七號
〃	一六	會寧七十五聯隊長高良弼招待宴	四七八〇	證第八號
〃	二四	龍井鮮人民會長李庚在ノ母堂死去ニ對シ花輪及香典ヲ贈ル	三〇〇〇	證自第九號至第一〇號
六	一	日本酒黒松白鹿一升瓶詰四本（宴會用）	二〇〇〇	證第一一號
〃	四	滿洲電々會社總裁山内静夫招待宴	五二八〇	證第一二號
〃	一八	民政部警務司長長尾吉五郎招待宴	一四九〇	證第一三號
〃	二九	兩切煙草アブヅウラ壹千本（接客用）	一四〇〇	證第一四號
〃	〃	點呼執行官陸軍中佐小池信太郎招待宴	三七四〇	證自第一五號至第一七號
		計	三九六九一	

在間島日本總領事館

（在間島日本總領事館）昭和拾壹年度第壹期分館長交際費支拂計算書

	催宴回數	招待人員 客人側	招待人員 主人側	單價 圓		金額 圓	
招宴關係							
邦人視察者招宴	一	一	七	五	三一	四二	五〇
仝	一	一	五	七	九六	四七	八〇
仝	一	五	一	八	八〇	五二	八〇
任地々方官憲招宴	一	一	二	四	九六	一四	九〇
仝	一	二	八	三	七四	三七	四〇
酒類、飲料水購入代						五五	四〇
煙草購入代						一四	〇〇
雜件							

在間島日本總領事館

花輪、香典	三〇〇〇〇
補助、寄附援助費	一〇〇〇〇〇
雑（十年度不足補塡）	二一一
計	五一〇二三三九六九一

在間島日本總領事館

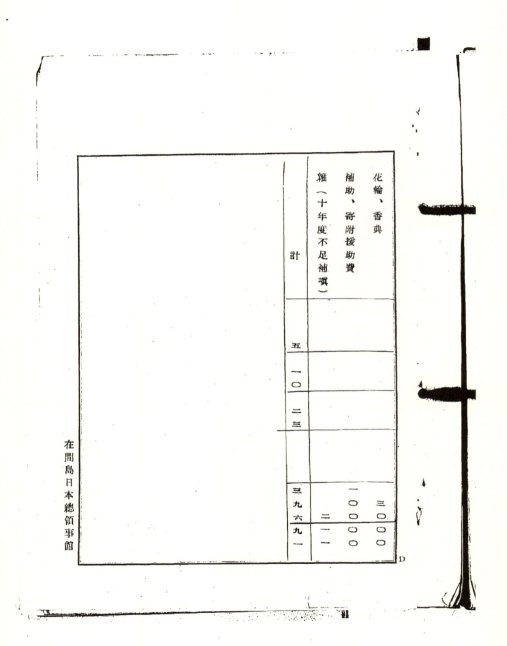

D

昭和拾壹年度第壹期分館長交際費支拂明細書

催宴月日	宴會場	招待人名	支出額	内譯
四　一		十年度機密費不足補塡	二圓一一	
〃　九		日本酒白鶴一升瓶詰六本購入	一七　四〇	
〃　一二		キリンビール四打入壹函購入	一八　〇〇	
〃　二九		天長節官民合同奉祝宴へ寄附	一〇〇　〇〇	
五　八	料亭龍源居	客人側 朝鮮軍司令部參謀大野宣明 主人側七名	四二　五〇	支那料理 三一　五〇 藝者化代 一一　〇〇
五　一六	料亭登喜和	客人側 會寧七十五聯隊長高良鄕	四七　八〇	料理 二二　〇〇 酒 七　七〇

在間島日本總領事館

月	日	場所	摘要	金額	内訳	内訳金額
			主人側五名		煙草	一六〇
					藝者花代	一六五〇
五	二四		龍井鮮人民會長李庚在ノ母堂死去ニ對シ花輪及香典ヲ贈ル	三〇〇〇	花輪	一〇〇〇
					香典	二〇〇〇
六	一		日本酒黒松白鹿一升瓶詰四本購入	二〇〇〇		
六	四	料亭登喜和	客人側 電々會社總裁山内靜夫 同秘書河本辰彌 同新京管理局營業課長渡邊立樹 延吉電報電話局長財滿精三 龍井電報電話局長上甑精一 主人側	五二八〇	料理	一八〇〇
					酒	一一六〇
					ビール	六四〇
					煙草	八〇
					藝者花代	一六〇〇
六	一八	料亭 曙	客人側 民政部警務司長長尾吉五郎	一四九〇	肴	三〇〇
					ビール	二四〇

在間島日本總領事館

		主人側二名		酒 藝者花代	二〇〇 七五〇
六二九		兩切煙草アフヅーラ壹千本購入	一四〇〇		
六二九	總領事官邸	客人側 點呼執行官陸軍中佐小池信太郎同歩兵曹長吉田儀治 主人側八名	三七四〇	支那料理 藝者花代	二五九〇 一一五〇
		計			三九六九一

在間島日本總領事館

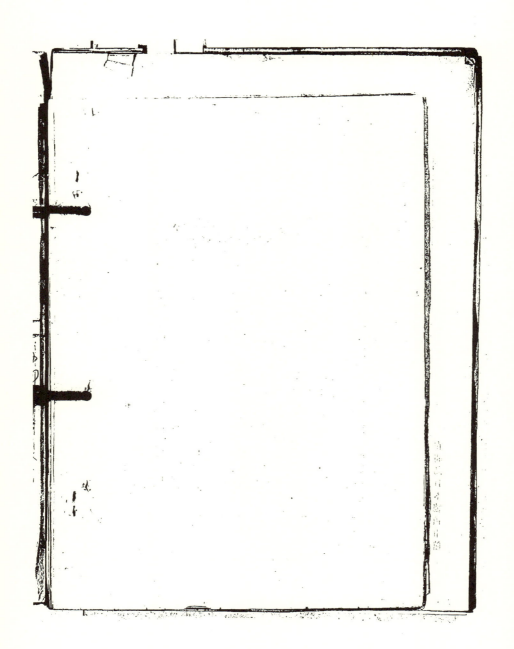

(分類 06,2,0,1-1-4)

會計課

公機密第一二四〇號

昭和十一年十一月十三日

在間島
總領事 川村

外務大臣 有田八郎殿

在滿大使館經由

機密費報告書提出ノ件

當館昭和拾壹年度第貳期分左記報告書別添提出ス御査閲相成度

記

一、館長交際費受拂報告書　一册
同　支拂計算書　一册
同　支拂明細書　一册

在間島日本總領事館

同　支拂證憑書　一册

二、普通機密費受拂報告書　一册

同　支拂計算書　一册

同　支拂明細書　一册

同　支拂證憑書　一册

三、新聞社補助金受拂報告書　一册

同　支拂證憑書　一册

在間島日本總領事館

D

昭和拾壹年度第貳期分普通機密費受拂報告書

滿洲事件費（款、項）　機密費（目）

金壹千參百圓也　本期受入高

内譯

金壹千圓也　第壹、貳期分受入高

金參百圓也　臨時增額受入高

金九百七圓五錢也　本期支拂高

金參百九拾貳圓九拾五錢也　差引殘高

支拂内譯左ノ通リ

支拂月日		摘要	支拂金額	備考
七	一	第壹期不足分補塡	一〇九五〇	

在間島日本總領事館

八	四	間島省警務廳長江口治同省警務科長田中要次和龍縣參事官李東輿同縣警務局巡官朴炫洙招待費	一一九	一〇	證第一號
〃	八	滿軍騎兵十團長日野武男招待費	三四	九五	證第二號
〃	一二	錦州省公署總務廳長松下芳三郎吉林省公署警務廳長伊藤容憲招待費	七七	八〇	證第三號
〃	一九	間島省司法科長小川彌三郎招待費	二五	三五	證第四號
〃	二一	日滿條約改正調印祝賀費	三〇〇	〇〇	證自第五號至第一二號
〃	二五	間島省公署特務科長萩原八十盛稅務監督署延吉出張所長原信夫招待費	三九	三〇	證第一三號
九	三	間島省總務科長馬込信一民政部銀行科長取扱伊藤博同科員二名招待費	七九	六五	證第一四號

在間島日本總領事館

九 二六	中銀圖們支店經理富田規矩治外間島地區金融業者等七名招待費	一二一四〇	證第一五號
	計	九〇七〇五	

在間島日本總領事館

（在間島日本總領事館）昭和拾壹年度第貳期分普通機密費支拂計算書

招宴關係	催宴回數	招待人員 客人側	招待人員 主人側	單價 圓	金額 圓	金額
任地々方官憲招宴	一	四	一〇		一一九	一〇
同	一	一	四		三四	九五
同	一	二	八		七七	八〇
同	一	一	五		二五	三五
同	一	二	二		三九	三〇
同	一	四	五		七九	六五
在留邦人招宴	一	五	七		一二一	四〇

在間島日本總領事館

雑件						
補助寄附援助費						三〇〇〇〇
第壹期不足分補塡						一〇九五〇
計	七	二一	三九			九〇七〇五

在間島日本總領事館

昭和拾壹年度第貳期分普通機密費支拂明細書

備宴月日	宴會場	招待人名	支出額（圓）	内譯	
七 一		第壹期不足分補塡	一〇九 五〇		一〇九 五〇
八 四	料亭一力	客人側 間島省警務廳長江口 治同省警務科長田中 要次和龍縣參事官李 東奭同縣警務局巡官 朴炫洙 主人側十名	一一九 一〇	料理	四二 〇〇
				酒	二四 八〇
				ビール	六 六〇
				サイダー	四 〇〇
				煙草	一 二〇
				藝者花代	四〇 五〇
				料理	一六 五〇

在間島日本總領事館

八	八	料亭登喜和	客人側 滿軍騎兵第十團長日野武男 主人側四名	三四	九五	酒 ビール 煙草 藝者花代	三八五 一四〇 一二〇 一二〇〇
八	一二	料亭曙	客人側 錦州省公署總務廳長松下芳三郎 吉林省公署警務廳長伊藤容憲 主人側八名	七七	八〇	料理 酒 煙草 藝者花代	三五〇〇 一四八〇 一〇〇 二七〇〇
八	一九	料亭登喜和	客人側 間島省司法科長小川彌三郎 主人側五名	二五	三五	料理 酒 煙草 藝者花代	一八〇〇 四二〇 一五 三〇〇

在間島日本總領事館

D

八二一		日満條約改正調印祝賀會へ寄附
三〇〇〇〇		
龍井村	一三〇〇〇	
明月溝	三〇〇〇	
老頭溝	二〇〇〇	
銅佛寺	二〇〇〇	
朝陽川	三〇〇〇	
八道河子	二〇〇〇	
大拉子	二〇〇〇	
開山屯	三〇〇〇	

八二五	料亭 曙	客人側 間島省公署特務科長 萩原八十盛 税務監督署延吉出張所長 原信夫 主人側二名
三九三〇		
料理	一五〇〇	
酒	六四〇	
ビール	二四〇	
サイダー	一五〇	
煙草	一五〇	
藝者花代	一二五〇	

在間島日本總領事館

月	九	九
日	三	二六
場所	料亭一力	料亭登喜和
出席者	客人側 間島省總務科長馬込信一 民政部銀行科長取扱伊藤博 同科員金子巳代治 同山口次郎 主人側五名	客人側 中央銀行圖們支店經理富田規矩治 間島銀行頭取下條幸太郎 琿春興產會社社長山本庄吉 琿春共榮會社社長石本惠吉 同社專務齋藤藤太 主人側七名
金額	七九六五	一二一四〇
料理	三一五〇	四二〇〇
別料理		一二〇〇
酒	一六八〇	一八〇〇
ビール	二八〇	六六〇
サイダー	八〇	三六〇
煙草	一二五	一四〇
藝者花代	二六五〇	三七〇〇

在間島日本總領事館

計	九〇七〇五	九〇七〇五

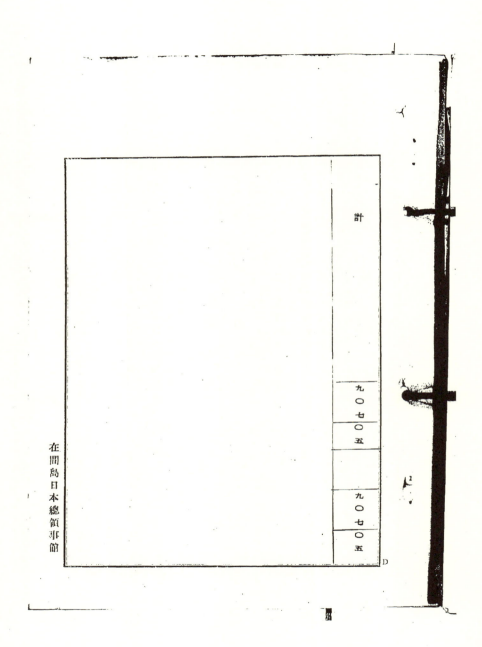

在間島日本總領事館

昭和拾壹年度第貳期分館長交際費受拂報告書

滿洲事件費（款、項）機密費（目）

金貳百參圓九錢也　本期受入高

内譯

金參圓九錢也　第壹期繰越高

金貳百圓也　第參期分受入高

金壹百六拾六圓貳拾錢也　本期支拂高

金參拾六圓八拾九錢也　差引殘高

支拂内譯左ノ通リ

支拂月日	摘要	支拂金額	備考
七 一六	延吉地方法院長楊繼桐間島省公署警務科長田中要次招待宴	一六八五〇	證自第一號至第五號

在間島日本總領事館

在滿大使館

〃	二九	間島省總務廳長松下芳三郎同行政科長池田良吉同學務科長尹泰東招待宴	四七七〇	證第六號
八	二	駒澤農科大學々生公演會ヘ寄附	二五〇〇	證第七號
〃	三一	光明學園中學部々長安部恒亮死去ニ對シ花輪一對供與	一〇〇〇	證第八號
〃	〃	間島日報社々長鮮于日死去ニ對シ花輪一對供與	一五〇〇	證第九號
計			一六六二〇	

在間島日本總領事館

（在間島日本總領事館）昭和拾壹年度第貳期分交際費機密費支拂計算書

	催宴回數	招待人員 客人側	招待人員 主人側	單價 圓	金額 圓
招宴關係					
任地々方官憲招宴	一	二	八	六 八五	六八 五〇
仝	一	三	三	四 九五	四七 七〇
雜件					
花輪、香典					一〇 〇〇
仝					一五 〇〇
補助、寄附、援助費					二五 〇〇
計	二	五	一一		一六六 二〇

在間島日本總領事館

昭和拾壹年度第貳期分交際費機密費支拂明細書

催宴月日	宴會場	招待人名	支出額（圓）	内譯	
七　一六	總領事官邸	客人側　延吉地方法院長楊繼桐　間島省公署警務科長田中要次　主人側八名	六八五〇	支那料理	五一〇〇
					一七五〇
七　二九	料亭登喜和	客人側　間島省總務廳長松下芳三郎　同行政科長池田良吉　同學務科長尹泰東　主人側三名	四七七〇	料理	一八〇〇
				酒	七二〇
				別料理	四〇〇
				煙草	五〇
				藝者花代	一八〇〇
八　二		駒澤農科大學々生公演會ヘ寄附	二五〇〇		二五〇〇

D

在間島日本總領事館

八	二一		光明學院中學部々長安部愼亮死去ニ對シ花輪一對供與	一〇〇	〇〇		一〇〇	〇〇
〃	〃		間島日報社々長鮮于日死去ニ對シ花輪一對供與	一五〇	〇〇		一五〇	〇〇
			計	一六六	二〇		一六六	二〇

在間島日本總領事館

(16)

在南京總領事館

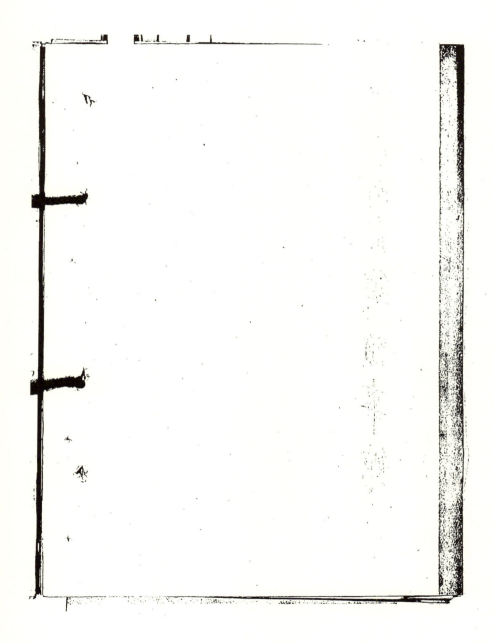

機密第四五九號

昭和十一年七月十七日

在南京
總領事　須磨彌吉郎

外務大臣　有田八郎殿

第一期機密費宴會費等受拂報告書提出ノ件

昭和十一年度機密費及宴會費等受拂報告書左記ノ通リ提出ス御査閲相成度

記

一、滿州事件費機密費受拂報告書　一冊

在南京日本總領事館

昭和十一年七月廿五日接受

別紙添付

會計課

二、宴會費受拂報告書　一册

三、交際費受拂報告書　一册

四、諜報費受拂報告書　一册

五、機密費「ルーター」電通信費受拂報告書一册

六、署長機密費受拂報告書　一册

在南京日本總領事館

D

第一期満州事件費機密費支払報告書

一銀貳千円也　本期受入高

一銀五拾八円六拾五仙也　前期越高

一銀壹千四百八拾円也　本期支払高

差引残高銀五百七拾八円六拾五仙也

支払内譯左ノ通リ

在南京日本總領事館

證第號	月	日	摘要	金額
一	四	十五	四月分新聞記者操縦費	二〇〇.〇〇
二	〃	二〇	電報通信四月分通信料	五〇.〇〇
三	〃	〃	公盟通信四月分通信料	一〇.〇〇
四	五	一八	両廣問題ニ(關)情報蒐集費	三〇〇.〇〇
五	〃	二三	電報通信五月分通信料	五〇.〇〇
六	〃	〃	公盟通信五月分通信料	一〇.〇〇
七	〃	三一	蔦ヘ諜報費	一五〇.〇〇
八	〃	〃	五月分新聞記者操縦費	二〇〇.〇〇
九	六	二〇	抗日情報蒐集費	二〇〇.〇〇
一〇	〃	二三	中央資料月報四、五、六月分補助	六〇.〇〇

在南京日本總領事館

月	日	摘要	金額	証券號
六	三〇	六月分新聞記者操縦費	二〇〇〇〇	一一
〃	〃	六月分公盟通信 通信料	五〇〇〇	一二
		計	一、四八〇〇〇	

昭和十一年度 滿洲事件費關係

雜纂

機密費

在滿支各館

第　巻

門	0
類	6
項	2
目	0
號	1-1-4

■監修・編集・解説

小山 俊樹（こやま としき）
1976年広島県福山市生。京都大学文学部（日本史学専攻）卒業。京都大学大学院人間・環境学研究科博士後期課程修了。京都大学博士（人間・環境学）。立命館大学文学部講師などを経て、現在、帝京大学文学部史学科准教授（日本近現代史）。
著書に『憲政常道と政党政治』（思文閣出版、2012年）。刊行史料集に『倉富勇三郎日記』（同日記研究会編、国書刊行会、2010年〜）など。

近代機密費史料集成Ⅰ
外交機密費編　第6巻

平成二七年五月一五日　印刷
平成二七年五月二五日　発行

監修・編集
解説　小山俊樹

発行者　荒井秀夫
発行所　株式会社ゆまに書房
東京都千代田区内神田二-七-六
電話〇三-五二九六-〇四九一
振替〇〇一四〇-六-六三一六〇

印刷　富士リプロ株式会社
製本　東和製本株式会社

第2回揃全2巻　分売不可
定価：本体34,000円＋税
ISBN978-4-8433-4614-3 C3321